Dr. Oetker

FITMACHER

Vegetarisch

Dr. Oetker

FITMACHER

Vegetarisch

VORWORT

Jeden Tag genießen und dabei fit und leistungsfähig bleiben! Das geht auch ohne Fleisch und Fisch. Für die Entwicklung der vegetarischen Fitmacher-Rezepte in diesem Buch haben wir viel frisches Gemüse und Obst, dazu Getreide, Hülsenfrüchte, Nüsse und Kerne in die Einkaufstaschen gepackt und die schier unendlichen Möglichkeiten der vegetarischen und veganen* Küche genutzt. Herausgekommen sind ausgewogene, vielseitige und damit gesunde Rezepte, die bei maximal 600 kcal und 20 g Fett leicht und lecker schmecken und einfach ein gutes Gefühl geben.

Verführerisch, vegan und very berry! Mit einem schnellen, selbst gemachten Porridge und den ersten Sonnenstrahlen fängt der Tag richtig gut an. Im Büro ist der Mandel-Mango-Smoothie als Zwischendurch-Pausen-Snack schnell gemixt und liefert neue Energie. Zum Mittag gibt's ein Stück Kartoffel-Kraut-Quiche – die schmeckt aufgewärmt nochmal so gut. Bei knusprigen Reisplätzchen mit Pilz-Tomaten-Ragout wird abends das Essen für die Geburtstagsfeier am Wochenende geplant: Die Entscheidung zwischen Süßkartoffel-Paprika-Lasagne mit grüner Mojo oder homemade Pilz-Ravioli fällt nicht eben leicht. Der Nachtisch steht allerdings: Die Himbeer-Ombre-Creme soll es sein …

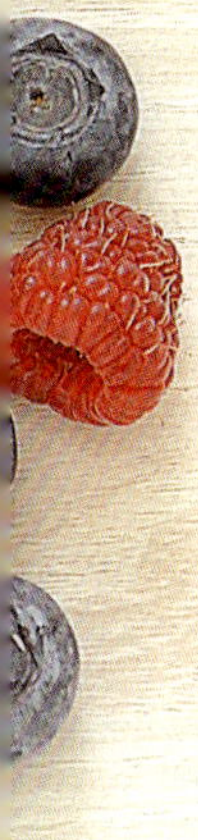

Egal, ob Sie sich grundsätzlich vegetarisch ernähren oder einfach weniger Fleisch essen möchten: Vom Frühstück über kleine Snacks, Gerichte für jeden Tag und Besonderes für liebe Gäste bis zu süßen Köstlichkeiten, die hin und wieder auch mal genascht werden dürfen, ist hier für jeden etwas dabei.

Alle Rezepte wurden von uns getestet und so beschrieben, dass Sie Ihnen sicher gelingen.

*Vegane Rezepte haben wir extra gekennzeichnet.

FRÜHSTÜCK & SNACKS

Energie-Kicks für den Start in den Tag und kleine Snacks zum Aufladen zwischendurch: Erdbeer-Apfel-Müsli, Fruity French Toast, Crostini-Trio oder Zucchini-Deep-Pan-Pizza punkten mit Kreativität und viel Geschmack.

HAFER-WEIZEN-BRÖTCHEN

FRISCH AUS DEM OFEN

20 Stück

Pro Stück:
E: 5 g, F: 4 g, Kh: 26 g,
kJ: 672, kcal: 160, BE: 2,0

Zum Vorbereiten:
175 g Hafer
½ TL Anissamen
1 gestr. TL Koriandersamen

Für den Hefeteig:
350 g fein gem. Weizenkörner
1 Pck. Dr. Oetker Trockenbackhefe
1 gestr. TL Meersalz
1 TL flüssiger Honig
375 ml lauwarmes Wasser

250 g gewürfelte Trockenfrüchte, z. B. Pflaumen, Aprikosen, Birnen, Apfelringe, Korinthen, Weinbeeren
50 g gehackte Walnuss- oder Haselnusskerne
2 EL Wasser

einige kernige Haferflocken
etwas Mohnsamen
etwas geschälter Sesamsamen

Zubereitungszeit:
1 ½ Stunden, ohne Abkühlzeit
Gehzeit:
etwa 50 Minuten
Backzeit:
Mohn-Sesam-Brötchen 30–35 Minuten, Früchtebrötchen 35–40 Minuten

1 Den Backofen vorheizen.
Ober-/Unterhitze: etwa 100 °C, Heißluft: etwa 80 °C.

2 Zum Vorbereiten Hafer mit Anis- und Koriandersamen mischen und auf einem Backblech verteilen. Das Backblech in den vorgeheizten Backofen schieben. Die Mischung etwa 45 Minuten rösten, dabei während des Röstens ab und zu wenden. Anschließend vom Backblech nehmen und abkühlen lassen.

3 Für den Teig Weizenkörner mit Trockenbackhefe vermischen. Restliche Zutaten hinzufügen, mit einem Mixer (Knethaken) zunächst kurz auf niedrigster, dann auf höchster Stufe in etwa 5 Minuten zu einem glatten Teig verarbeiten. Samenmischung unterkneten. Den Teig halbieren. Unter eine Hälfte Trockenfrüchte, Nusskerne und Wasser kneten. Beide Teige zugedeckt so lange an einem warmen Ort gehen lassen, bis sie sich sichtbar vergrößert haben, etwa 30 Minuten.

4 Beide Teige getrennt auf einer leicht bemehlten Arbeitsfläche nochmals gut durchkneten. Aus dem Früchteteig 12, aus dem restlichen Teig 8 Brötchen formen. Alle Brötchen mit der Oberfläche in Wasser tauchen. Die Früchtebrötchen mit der Oberfläche in Haferflocken drücken, dann auf ein Backblech (mit Backpapier belegt) legen. Mohn- mit Sesamsamen mischen. Die Oberfläche der restlichen Brötchen damit bestreuen. Die Mohn-Sesam-Brötchen auf ein zweites Backblech (mit Backpapier belegt) legen.

5 Alle Brötchen nochmals zugedeckt so lange an einem warmen Ort gehen lassen, bis sie sich sichtbar vergrößert haben, etwa 20 Minuten. In der Zwischenzeit den Backofen wieder vorheizen.
Ober-/Unterhitze: etwa 200 °C, Heißluft: etwa 180 °C.

6 Die Brötchen auf der Oberfläche längs einschneiden und mit Wasser bestreichen. Die Backbleche nacheinander (bei Heißluft zusammen) in den vorgeheizten Backofen schieben. Mohn-Sesam-Brötchen **30–35 Minuten**, Früchtebrötchen **35–40 Minuten backen**. Die Brötchen mit dem Backpapier auf Kuchenroste ziehen, erkalten lassen oder lauwarm genießen.

FITMACHER-TIPP:

Nüsse haben zwar einen hohen Fettgehalt und sollten daher nur in Maßen genossen werden, aber Sie punkten als Eiweiß- und Mineralstofflieferanten.

HIRSEMÜSLI

VEGAN

2 Portionen

Pro Portion:
E: 10 g, F: 4 g, Kh: 48 g,
kJ: 1180, kcal: 282, BE: 4,0

Für das Müsli:
80 g Hirse
1 Pck. Dr. Oetker Bourbon-Vanille-Zucker
250 ml Wasser
200 g Himbeeren oder Erdbeeren
1 Banane
200 g Sojajoghurt
2–4 TL Zitronensaft

Zubereitungszeit:
15 Minuten, ohne Abkühlzeit
Quellzeit:
etwa 35 Minuten

1 Für das Müsli die Hirse mit dem Vanille-Zucker und Wasser in einem Topf zum Kochen bringen. Die Hirse zugedeckt etwa 35 Minuten bei schwacher Hitze quellen lassen. Anschließend die gequollene Hirse etwas abkühlen lassen.

2 In der Zwischenzeit die Himbeeren verlesen, evtl. kurz abspülen und vorsichtig trocken tupfen. Oder die Erdbeeren abspülen, gut trocken tupfen, entstielen und halbieren.

3 Die Banane schälen und in Scheiben schneiden. Den Sojajoghurt glatt rühren. Den Joghurt mit den vorbereiteten Beeren und den Bananenscheiben vorsichtig unter die Hirsemasse heben und mit etwas Zitronensaft abschmecken.

Tipps: Das Müsli mit Nüssen, Sonnenblumenkernen oder Kokosraspeln bestreut servieren. Alles vorher in einer Pfanne ohne Fett unter Wenden anrösten, so schmeckt das Eigenaroma intensiver hervor.

Variante: Für ein Quinoamüsli nehmen Sie statt Hirse dieselbe Menge Quinoa. Quinoa mit der doppelten Menge Wasser in einen Topf geben und aufkochen. Anschließend bei schwacher Hitze zugedeckt etwa 25 Minuten köcheln lassen (Packungsanleitung beachten!). Den Topf von der Kochstelle nehmen. Quinoa etwa 5 Minuten weiter ausquellen und dann abkühlen lassen. Anschließend gehen Sie weiter nach Rezept vor.

FITMACHER-TIPP:

Zum größten Teil besteht Hirse aus Kohlenhydraten, hinzu kommen Eiweiße, Vitamine, Mineralstoffe und Fette.

FRUITY FRENCH TOAST

VEGAN

2 Portionen

Pro Portion:
E: 8 g, F: 6 g, Kh: 49 g,
kJ: 1199, kcal: 286, BE: 4,0

Für die Toasts:
200 ml Mandeldrink bzw. -milch, ungesüßt
50 g Bananenfruchtfleisch (vorbereitet gewogen)
1 TL Zitronensaft
1 TL Hefeflocken (erhältlich im Reformhaus)
30 g Reismehl
½ TL Dr. Oetker Backin
4 Scheiben veganer Vollkorn-Toast

200–300 g frisches Obst der Saison, z. B. Erd-, Him-, Brom- und Heidelbeeren

1 TL vegane Margarine
evtl. etwas Agavendicksaft

Zubereitungszeit:
20 Minuten

1 Für die Toasts Mandeldrink bzw. -milch, Bananenfruchtfleisch, Zitronensaft, Hefeflocken und 20 g von dem Reismehl in einen hohen Rührbecher geben. Die Zutaten mit einem Pürierstab gründlich durchmixen. Den Teig etwa 5 Minuten quellen lassen.

2 In der Zwischenzeit das restliche Reismehl mit dem Backpulver sorgfältig vermischen. Die Toastscheiben diagonal halbieren.

3 Das Obst vorbereiten: Beeren verlesen, abspülen (Himbeeren nach Möglichkeit nicht abspülen) und trocken tupfen. Erdbeeren klein würfeln.

4 Die Mehl-Backpulver-Mischung auf den Bananenteig sieben, dann gründlich unterrühren. Den Bananenteig portionsweise in einen tiefen Teller gießen. Die Toastdreiecke nacheinander hineinlegen, wenden und jeweils mit dem Teig vollsaugen lassen.

5 Die Hälfte der Margarine in einer Pfanne zerlassen. Die Hälfte der Toastdreiecke darin bei schwacher bis mittlerer Hitze goldbraun braten. Die restlichen Toastdreiecke in der restlichen Margarine ebenso braten.

6 French Toast mit dem vorbereiteten Obst und nach Belieben mit einigen Tropfen Agavendicksaft anrichten und servieren.

Tipps: Statt des ungesüßten Mandeldrinks schmeckt auch ungesüßter Kokosdrink. Den Toast können Sie durch ein veganes, luftiges Dinkel- oder Hafer-Mischbrot ersetzen.

FITMACHER-TIPP:

Mandeldrink bzw. -milch ist ein rein pflanzlicher Kuhmilchersatz und schmeckt leicht nussig. Wichtig: Mandeldrink bzw. -milch enthält – im Vergleich mit herkömmlicher Kuhmilch – weniger Eiweiß. Neben Vegetariern und Veganern ist der Drink auch für Lebensmittelallergiker interessant. Er enthält weder Gluten noch Laktose und ist eine gute Alternative für Menschen, die auf Soja allergisch reagieren.

ERDBEER-APFEL-MÜSLI

VEGAN

2 Portionen

Pro Portion:
E: 5 g, F: 1 g, Kh: 45 g,
kJ: 898, kcal: 215, BE: 4,0

Zum Vorbereiten:
60 g grob geschroteter Weizen
160 ml Apfelsaft

Außerdem:
2 kleine Bio-Äpfel (etwa 200 g)
200 g reife Erdbeeren

Zubereitungszeit:
15 Minuten
Einweichzeit:
etwa 8 Stunden oder über Nacht

1. Zum Vorbereiten den Weizen in dem Apfelsaft mindestens 8 Stunden oder über Nacht zugedeckt im Kühlschrank einweichen.
2. Die Äpfel mit heißem Wasser abwaschen, abtrocknen, vierteln und entkernen. Die Apfelviertel mit der Schale in kleine Stücke schneiden.
3. Die Erdbeeren abspülen, trocken tupfen und entstielen. Die Erdbeeren klein schneiden.
4. Apfel- und Erdbeerstücke unter den eingeweichten Weizen mischen.
5. Das Erdbeer-Apfel-Müsli anrichten und servieren.

Variante: Für ein Brombeermüsli (im Foto rechts) 200 g Brombeeren entstielen, vorsichtig abspülen und trocken tupfen. 2 kleine Äpfel mit heißem Wasser abwaschen und abtrocknen. Die Äpfel mit der Schale bis auf das Kerngehäuse grob raspeln. Die Brombeeren und Apfelraspel mit 200 g Sojajoghurt (mit Zitrone), 2 Teelöffeln Agavendicksaft, 2 Teelöffeln Sonnenblumenkernen und 4 Esslöffeln kernigen Haferflocken in einer Schale mischen, dann anrichten und servieren.

FITMACHER-TIPP:

Haupterntezeit für die beliebten süßen Erdbeeren ist bei uns im Juni und Juli. Die Erdbeeren, die früher angeboten werden, kommen oft aus Folientunneln. Da Erdbeeren nicht nachreifen, werden sie in reifem Zustand geerntet und sind nur kurz haltbar. Erdbeeren enthalten viel Vitamin C, Kalium und Kalzium.

MANDEL-MANGO-SMOOTHIE

EXOTISCHER SNACK TO GO

4 Portionen

Pro Portion:
E: 5 g, F: 6 g, Kh: 37 g,
kJ: 948, kcal: 226, BE: 3,0

3 Bananen (etwa 450 g)
1 große Mango (etwa 350 g)
evtl. etwas Zitronensaft
40 g gehobelte Mandeln
500 ml kalter, frisch gepresster Orangensaft
1 EL flüssiger Honig (15 g)

Zubereitungszeit:
15 Minuten, ohne Gefrier- und Abkühlzeit

1 Die Bananen schälen und in etwa 1 cm dicke Scheiben schneiden. Bananenscheiben in Folie gewickelt in den Gefrierschrank legen.

2 Mango halbieren und den Stein herauslösen. Die Mangohälften schälen und in Würfel schneiden. Evtl. 4 dünne Mangospalten vorher abschneiden, mit Zitronensaft beträufeln und zum Garnieren beiseitelegen. Die Mangowürfel in einen Gefrierbehälter geben und ebenfalls in den Gefrierschrank stellen.

3 Die Mandeln in einer Pfanne ohne Fett unter Wenden hellbraun rösten und auf einem Teller erkalten lassen. Evtl. einige Mandeln zum Garnieren beiseitelegen.

4 Gefrorene Bananenscheiben, Mangowürfel, Orangensaft und Mandeln mit dem Honig in einem hohen Rührbecher mit dem Pürierstab pürieren. Mandel-Mango-Smoothie in 4 Longdrinkgläser füllen, mit den beiseitegelegten Mangospalten und Mandeln garnieren.

Variante: Für einen Papaya-Smoothie (2 Portionen, im Foto links) 2 Papayas (800 g) halbieren und die Kerne mit einem Esslöffel herausschaben. Die Papayahälften schälen, das Fruchtfleisch in Stücke schneiden. 1 Banane (150 g) schälen und in Stücke schneiden. Papaya-, Bananenstücke, 100 g Joghurt (1,5 % Fett) und 200 ml Maracujanektar in einem hohen Rührbecher mit dem Pürierstab pürieren. Den Smoothie nach Belieben einige Zeit zugedeckt in den Kühlschrank stellen. Smoothie in Gläser füllen und servieren.

Tipps: Betrachten Sie Smoothies nicht als Durstlöscher. Sie haben einen vergleichsweise hohen Kalorien- und Fettgehalt und sind damit kleine Zwischenmahlzeiten. Wenn Sie den Honig im Mandel-Mango-Smoothie durch Agavendicksaft ersetzen, ist der Smoothie vegan.

FITMACHER-TIPP:

Die in Ostasien beheimatete Mango hat ein meist sehr saftiges Fruchtfleisch mit pfirsichähnlichem Geschmack. Die Reife ist an ihrem feinen Geruch sowie am leichten Nachgeben bei Druck auf die Frucht erkennbar. Die Mango liefert vor allem Beta-Carotin und Vitamin C.

CROSTINI-TRIO

BLITZ-STARTER

4 Portionen

Pro Portion:
E: 10 g, F: 3 g, Kh: 47 g,
kJ: 1072, kcal: 256, BE: 4,0

Zum Vorbereiten:
6 Scheiben Roggenmischbrot (je 40–50 g)
1 EL Kokoschips

Für den Belag:
170 g Erdbeeren
1 TL Agavendicksaft
1–2 Stängel Minze
175 g Zuckermelonen-Fruchtfleisch, z. B. Charentais-, Ogen- oder Cantaloup-Melone (vorbereitet gewogen)
1 saftige Birne (150 g)
1 TL Sesamsamen, geschält
1 TL flüssiger Honig oder Agavendicksaft
125 g Frischkäse (0,2 % Fett)

Zubereitungszeit:
10 Minuten

1 Zum Vorbereiten die Brotscheiben im Toaster kurz leicht knusprig rösten, dann auf einen Kuchenrost legen. Die Kokoschips in einer Pfanne ohne Fett unter Wenden goldbraun rösten und anschließend auf einen Teller geben.

2 Für den Belag Erdbeeren abspülen, trocken tupfen und entstielen. Die Erdbeeren in dünne Scheiben schneiden und in einer Schale mit dem Agavendicksaft mischen.

3 Minze abspülen, trocken tupfen und die Blättchen von den Stängeln zupfen. Blättchen in feine Streifen schneiden.

4 Das Melonen-Fruchtfleisch (geschält und entkernt) in sehr dünne Spalten schneiden.

5 Die Birne schälen, vierteln und das Kerngehäuse entfernen. Birne in kleine Würfel schneiden, mit Sesam und Honig oder Agavendicksaft mischen.

6 Die Brotscheiben halbieren und mit Frischkäse bestreichen. 4 Brothälften mit den Erdbeeren, 4 mit Melonenspalten und Kokoschips und 4 mit der Birnen-Sesam-Mischung belegen. Die Erdbeer-Crostini mit den vorbereiteten Minzestreifen bestreuen. Crostini sofort servieren.

FITMACHER-TIPP:

Sesamsamen versorgen uns mit einem Mix aus Kalzium, Magnesium, Eisen, Zink, Vitamin E und Folsäure.

VERY BERRY PORRIDGE

VEGAN

2 Portionen

Pro Portion:
E: 6 g, F: 4 g, Kh: 41 g,
kJ: 965, kcal: 229, BE: 3,5

6 geh. EL Haferflocken
500 ml Wasser
1 Gewürznelke
1 Prise Salz
2 TL Dr. Oetker Bourbon-Vanille-Zucker
300 g gemischte Beeren, z. B. Heidel-, Erd-, Him- und Brombeeren
2–4 TL brauner Voll-Rohrzucker
200 ml Mandeldrink bzw. -milch, ungesüßt

Zubereitungszeit:
5 Minuten, ohne Quellzeit

1 Haferflocken, Wasser, Gewürznelke, Salz und Vanille-Zucker in einem Topf zum Kochen bringen. Die Haferflocken zugedeckt etwa 10 Minuten bei schwacher Hitze quellen lassen.

2 Die Beeren verlesen, entstielen, vorsichtig abspülen und abtropfen lassen. Gewürznelke aus dem Porridge entfernen. Den Zucker unterrühren. Porridge in eine Schale füllen. Mandeldrink bzw. -milch erwärmen und darübergießen. Die Beeren hinzugeben.

Tipps: Sie können das Porridge auch aus derselben Menge Dinkelflocken zubereiten. Bei der Wahl der Früchte greifen Sie nach Möglichkeit auf das saisonale und regionale Angebot zurück. Feigen mit Nüssen und etwas Agavendicksaft passen zum Beispiel hervorragend zu Porridge.

Varianten: Sie können das Porridge auch ohne Vanille-Zucker und ohne Beeren zubereiten (im Foto oben). Für ein **Porridge mit Trockenfrüchten** (im Foto mittig) 6 gehäufte Esslöffel Hafer- oder Weizenflocken mit 500 ml Wasser, ½ Stange Zimt, 1 Gewürznelke und 4 Pimentkörnern in einem Topf bei schwacher Hitze zum Kochen bringen. 2 Teelöffel Rosinen und 60 g getrocknete Softpflaumen (in Stücke geschnitten) hinzufügen, wieder zum Kochen bringen und zugedeckt etwa 10 Minuten bei schwacher Hitze quellen lassen. Die Gewürze entfernen. 200 ml Mandelmilch unterrühren. Porridge wieder erhitzen.

FITMACHER-TIPP:

Heidelbeeren liefern Mineralstoffe und sekundäre Pflanzenstoffe. Mit etwa 36 kcal pro 100 g sind die kleinen, blauen Beeren, die von Ende Juni bis September Saison haben, zudem erfreulich kalorienarm.

ZUCCHINI-DEEP-PAN-PIZZA

MIT TOMATEN

4–6 Portionen

Pro Portion:
E: 12 g, F: 4 g, Kh: 58 g,
kJ: 1375, kcal: 328, BE: 4,5

Für den Hefeteig:
85 ml Buttermilch
21 g frische Hefe
1 TL flüssiger Honig
350 g Dinkelmehl (Type 630)
1 TL gerebelter Thymian
200 g Zucchini
1 EL Olivenöl
1 gestr. TL Meersalz

Für die Tomaten:
750 g Tomaten
3 Frühlingszwiebeln
½ Bund Basilikum
Salz
gem. Pfeffer
1 Prise Zucker

1 TL Olivenöl zum Braten

Zubereitungszeit:
1 Stunde
Gehzeit:
etwa 20 Minuten

1 Für den Teig Buttermilch lauwarm erwärmen. Die Hefe hineinbröckeln. Honig hinzugeben. Die Zutaten glatt rühren. Mehl mit Thymian in einer Rührschüssel mischen und in die Mitte eine Vertiefung eindrücken. Die Hefe-Buttermilch in die Vertiefung gießen, mit etwas Mehl verrühren und zugedeckt stehen lassen.

2 Inzwischen Zucchini abspülen, abtrocknen und die Enden abschneiden. Zucchini grob raspeln.

3 Die Hefeteigzutaten mit einem Mixer (Knethaken) zunächst kurz auf niedrigster Stufe durchkneten. Dabei nach und nach die Zucchiniraspel hinzugeben. Anschließend nach und nach Olivenöl einträufeln und das Salz zugeben. Die Zutaten auf höchster Stufe zu einem glatten Teig verarbeiten, dann noch etwa 4 Minuten weiter kneten. Den Teig in der Schüssel zugedeckt so lange an einem warmen Ort gehen lassen, bis er sich sichtbar vergrößert hat, etwa 20 Minuten.

4 Für die Tomaten in der Zwischenzeit die Tomaten abspülen, abtrocknen, halbieren und die Stängelansätze herausschneiden. Tomaten in grobe Stücke schneiden. Frühlingszwiebeln putzen, abspülen, abtropfen lassen und schräg in feine Scheiben schneiden.

5 Basilikum abspülen, trocken tupfen und die Blättchen von den Stängeln zupfen. Blättchen in grobe Stücke zupfen oder schneiden. Tomaten mit Frühlingszwiebeln und Basilikum mischen, mit Salz, Pfeffer und Zucker würzen.

6 Eine beschichtete Pfanne (Ø etwa 20 cm) erhitzen und portionsweise ganz dünn mit etwas von dem Olivenöl ausstreichen. Den Teig in 4–6 gleich große Portionen teilen. Die Teigportionen auf einer gut bemehlten Arbeitsfläche mit den Händen zu flachen Fladen in Pfannengröße formen.

7 Die Fladen nacheinander vorsichtig in die heiße Pfanne geben. Jeden Pizzafladen bei schwacher bis mittlerer Hitze zunächst 1–1 ½ Minuten backen. Dann wenden und in weiteren 2–3 Minuten bei schwacher bis mittlerer Hitze fertig backen. Die Pfannenpizza backfrisch oder abgekühlt zu den Tomaten servieren.

FITMACHER-TIPP:

Buttermilch ist recht kalorien- und sehr fettarm und ein idealer Durstlöscher, besonders an heißen Sommertagen. Zudem punktet die „saure" Milch mit hochwertigem Milcheiweiß und Kalzium.

MELONEN-GAZPACHO
MIT ZIEGENFRISCHKÄSE-NOCKEN
PIKANT – ERFRISCHEND

4 Portionen

Pro Portion:
E: 8 g, F: 8 g, Kh: 30 g,
kJ: 932, kcal: 223, BE: 2,5

Für die Gazpacho:
350 ml Gemüsebrühe
35 g Hirseflocken
1 rote Paprikaschote (etwa 190 g)
300 g Fleischtomaten
1–2 Knoblauchzehen
560 g Zuckermelonen-Fruchtfleisch, z. B. Charentais-, Ogen- oder Cantaloup-Melone (vorbereitet gewogen)
1–2 EL Apfel- oder weißer Balsamicoessig
Salz
gem. Pfeffer
Chiliflocken oder Cayennepfeffer

Für die Ziegenfrischkäse-Nocken:
2–3 Stiele Minze
25 g abgetropfte getrocknete Tomaten, in Öl
150 g milder Ziegenfrischkäse (17 % Fett)

evtl. eiskaltes (Mineral-)Wasser

Zubereitungszeit:
25 Minuten, ohne Kühlzeit

1 Für die Gazpacho Brühe in einem Topf zum Kochen bringen. Den Topf von der Kochstelle nehmen. Die Hirseflocken einrühren, etwas abkühlen lassen.

2 In der Zwischenzeit Paprikaschote halbieren, Stiel und Kerngehäuse entfernen. Die Schoten abspülen, abtropfen lassen und mit einem Sparschäler die Haut fein abschälen.

3 Tomaten kreuzweise einschneiden und mit kochendem Wasser übergießen. Nach 1–2 Minuten herausnehmen und mit kaltem Wasser abschrecken. Tomaten enthäuten, halbieren und die Stängelansätze herausschneiden. Die Kerne entfernen.

4 Das Tomaten- und Paprikafruchtfleisch in grobe Stücke schneiden. Knoblauch abziehen und fein würfeln. Melonenfruchtfleisch (geschält und entkernt) in Stücke schneiden.

5 Tomaten-, Paprika- und Melonenstücke in einen hohen Topf geben und alles sehr fein pürieren, nach Belieben durch ein Sieb passieren. Nach und nach die Brühe zugießen und mit dem Pürierstab untermixen. Gazpacho mit Essig, Salz, Pfeffer und Chili oder Cayennepfeffer würzen. Die Gazpacho zugedeckt mindestens 2 Stunden im Kühlschrank gut durchkühlen lassen.

6 Für die Nocken Minze abspülen, trocken tupfen. Die Blättchen von den Stängeln zupfen. Minze und Tomaten fein schneiden. Frischkäse glatt rühren, Minze und Tomaten unterrühren, mit Pfeffer abschmecken. Gazpacho nach Belieben mit etwas eiskaltem Wasser oder Mineralwasser verlängern, nochmals abschmecken. Gazpacho in Schälchen verteilen. Von dem Frischkäse mit 2 Teelöffeln kleine Nocken abstechen und mit der Gazpacho servieren.

Tipp: Bestreuen Sie die Frischkäsenocken mit einigen getrockneten Chiliflocken.

FITMACHER-TIPP:

Verwenden Sie reife, aromatische Zuckermelonen. Prüfen Sie beim Kauf Reife und Aroma. Duftet die Melone durch die Schale zart und süßlich und gibt der Stielansatz auf Druck leicht nach, ist die Melone reif für den Verzehr.

TOFU-TERRINE MIT SPARGEL

VEGAN

4 Portionen

Pro Portion:
E: 8 g, F: 10 g, Kh: 8 g,
kJ: 644, kcal: 154, BE: 1,0

je 250 g weißer und grüner Spargel
250 ml Gemüsebrühe
1 Bund Schnittlauch
1–2 TL rosa Pfefferbeeren
200 ml Sojacreme zum Aufschlagen
1 Pck. Sahnesteif
3 gestr. TL (10 g) Agar Agar
200 g Seidentofu
Salz
½ TL gem. Koriander
1–2 TL Zitronensaft
gem. Pfeffer

Außerdem:
1 Kastenform (25 x 11 cm)

Zubereitungszeit:
45 Minuten, ohne Kühlzeit

1 Weißen Spargel von oben nach unten schälen. Darauf achten, dass die Schalen vollständig entfernt, die Köpfe aber nicht verletzt werden. Die unteren Enden abschneiden (holzige Stellen vollkommen entfernen). Vom grünen Spargel nur das untere Drittel schälen und die unteren Enden abschneiden. Weißen und grünen Spargel abspülen, abtropfen lassen und in etwa 5 cm lange Stücke schneiden.

2 Brühe zum Kochen bringen. Weißen Spargel darin etwa 10, grünen Spargel etwa 6 Minuten garen. Spargel mit einem Schaumlöffel herausnehmen, mit kaltem Wasser kurz abschrecken, in einem Sieb abtropfen lassen. Spargel und Brühe getrennt erkalten lassen.

3 Schnittlauch abspülen, trocken tupfen und in feine Röllchen schneiden. Pfefferbeeren mit den Fingern fein zerreiben. Sojacreme mit einem Mixer (Rührstäbe) aufschlagen, dabei nach und nach das Sahnesteif einrieseln lassen.

4 Die erkaltete Spargelbrühe (250 ml) in einen Topf geben, mit Agar Agar verrühren und unter Rühren aufkochen lassen. Den Topf von der Kochstelle nehmen. Tofu zu der Brühe in den Topf geben. Die Zutaten pürieren. Die aufgeschlagene Sojacreme mit den Schnittlauchröllchen unterheben, mit Salz, Koriander, geriebenem rosa Pfeffer, Zitronensaft und gemahlenem Pfeffer abschmecken.

5 Die Tofumasse sofort und schnell mit den Spargelstückchen in die Kastenform (mit Frischhaltefolie ausgelegt) schichten und glatt streichen. (**Wichtig:** Schnell arbeiten, weil Agar Agar schon beim Abkühlen fest wird.) Ein mehrfach gefaltetes Geschirrtuch auf die Arbeitsfläche legen. Die Form daraufstellen und mehrfach daraufstoßen, damit Luftblasen in der Masse platzen. Die Terrine zugedeckt mindestens 3 Stunden in den Kühlschrank stellen.

6 Die Tofu-Terrine aus der Form stürzen und mit einem Sägemesser in Scheiben schneiden.

FITMACHER-TIPP:

Je nach Region und Witterung beginnt die Erntesaison für Spargel Anfang bis Ende April und dauert bis zum 24. Juni. Weißer Spargel wächst unter der Erde in Hügelbeeten, grüner oberirdisch. Grüner Spargel schmeckt etwas herzhafter und enthält mehr Vitamin C und Carotin. Mit einem Wassergehalt von 98 Prozent ist Spargel sehr kalorienarm: 100 g geputzte Ware enthalten nur etwa 18 kcal.

HAUPTGERICHTE FÜR JEDEN TAG

Ratatouille-Suppe, Süßkartoffelauflauf mit Erdnüssen und Sommertomaten mit fruchtig pikantem Linsensalat bringen Abwechslung in den Alltag. Alles Glücklichmacher mit ordentlich Power, die ohne viel Aufwand zuzubereiten sind.

ALTDEUTSCHER SALAT

GETOPPT MIT EI-HÄCKERLE

4 Portionen

Pro Portion:
E: 11 g, F: 12 g, Kh: 20 g,
kJ: 1003, kcal: 240, BE: 1,5

2–3 Knollen Rote Bete (250–300 g)
7 EL Zitronensaft
3 TL Speiseöl, z. B. Oliven- oder Sonnenblumenöl
Meersalz
gem. Pfeffer
etwas Zucker

etwa 4 kleinere Knollen Topinambur (250–300 g)
350 ml kräftige Gemüsebrühe
½ Knollensellerie (etwa 500 g)
etwa 350 g Möhren
1–2 EL milder Apfelessig

200 g saure Sahne
200 g Joghurt (0,1 % Fett)
1 geh. TL körniger Senf
½ Bund glatte Petersilie
2 hart gekochte Eier

Zubereitungszeit:
30 Minuten
Garzeiten:
etwa 1 Stunde

1 Rote Bete gut abbürsten, dann mit Wasser bedeckt, zugedeckt zum Kochen bringen. Bei schwacher bis mittlerer Hitze je nach Dicke 30–40 Minuten zugedeckt garen. Knollen abgießen, etwas abkühlen lassen. Dann schälen (Sie färben stark!) und in Spalten schneiden. Rote Bete mit 2 Esslöffeln Zitronensaft, 1 Teelöffel Öl, Salz, Pfeffer und Zucker mischen, lauwarm abkühlen lassen.

2 Inzwischen Topinambur abbürsten und abspülen, mit Wasser bedeckt, zugedeckt zum Kochen bringen. 1 Teelöffel Salz zugeben. Je nach Dicke 20–35 Minuten zugedeckt garen. Topinambur abgießen, kurz mit kaltem Wasser abschrecken, schälen und in Scheiben schneiden. Topinambur mit 1 Esslöffel Zitronensaft, Salz, Pfeffer und 3 Esslöffeln Brühe marinieren, lauwarm abkühlen lassen.

3 Sellerie schälen, abspülen, abtropfen lassen und in Stifte schneiden. 1 Teelöffel Öl in einem Topf erhitzen, die Selleriestifte darin andünsten, mit Salz, Pfeffer und 4 Esslöffeln Zitronensaft würzen. 4 Esslöffel Brühe hinzugießen. Die Selleriestifte zugedeckt bei schwacher Hitze 15–20 Minuten leise schmoren lassen.

4 Möhren putzen, schälen, abspülen, in Stifte schneiden. Restliche Brühe erhitzen. Möhren darin zugedeckt in etwa 5 Minuten bissfest garen, dann abgießen, mit Salz, Pfeffer, 1 Teelöffel Olivenöl und Apfelessig marinieren, lauwarm abkühlen lassen.

5 Saure Sahne mit Joghurt und Senf verrühren, mit Zucker, Salz und Pfeffer würzen. Petersilie abspülen und trocken tupfen. Die Blättchen von den Stängeln zupfen und fein hacken. Eier fein würfeln.

6 Das Gemüse nochmals mit Salz, Pfeffer und evtl. etwas Zitronensaft abschmecken, dann anrichten. Das Dressing darauf verteilen, mit Petersilie und Ei-Häckerle bestreuen. Den Salat nach Belieben mit Meersalz bestreut servieren.

Tipps: Dazu schmeck frisches Grau- oder Krustenbrot. Statt Möhren können Sie auch 350 g Steckrüben in Stifte schneiden und in 20–25 Minuten bissfest garen.

FITMACHER-TIPP:

Die Topinambur-Knolle war ursprünglich in Nordamerika beheimatet und wird bei uns in kleineren Mengen regional angebaut. Von Oktober bis Mai können Sie die Knollen dann erhalten. Die fast vergessene Knolle liefert Kalium, Kalzium, Phosphat und Eisen.

COUSCOUS MIT GRÜNEM UND WEIẞEM SPARGEL

SERVIERT MIT MINZE UND EI

4 Portionen

Pro Portion:
E: 13 g, F: 19 g, Kh: 36 g,
kJ: 1552, kcal: 370, BE: 2,5

2 hart gekochte Eier
500 g weißer Spargel
500 g grüner Spargel
2 Schalotten
200 g Cocktailtomaten
60 g junger Blattspinat
2 EL Butter
150 ml Gemüsebrühe
Salz
gem. Pfeffer

150 g Instant-Couscous
1 Bio-Zitrone
(unbehandelt, ungewachst)
3 EL Olivenöl
1 Bund Minze

Zubereitungszeit:
35 Minuten

1 Die Eier pellen und evtl. mit einem Eierschneider achteln. Den weißen Spargel von oben nach unten schälen. Dabei darauf achten, dass die Schalen vollständig entfernt, die Köpfe aber nicht verletzt werden. Die unteren Enden abschneiden (holzige Stellen vollkommen entfernen). Spargel abspülen, abtropfen lassen und schräg in mundgerechte Stücke schneiden.

2 Von dem grünen Spargel nur das untere Drittel schälen und die Enden abschneiden. Spargel abspülen, abtropfen lassen und ebenfalls schräg in mundgerechte Stücke schneiden.

3 Die Schalotten abziehen, zuerst in Scheiben schneiden, dann in Ringe teilen. Die Cocktailtomaten abspülen, trocken tupfen und evtl. die Stängelansätze herausschneiden. Den Blattspinat putzen, gründlich waschen und abtropfen lassen.

4 Butter in einem Topf zerlassen. Schalottenringe darin andünsten. Weiße Spargelstücke hinzugeben und die Brühe hinzugießen, mit Salz und Pfeffer würzen. Die weißen Spargelstücke etwa 5 Minuten bei mittlerer Hitze unter Rühren dünsten. Dann die grünen Spargelstücke hinzugeben und weitere etwa 5 Minuten mitdünsten lassen. Die Cocktailtomaten zu den Spargelstücken geben und kurz mit andünsten.

5 In der Zwischenzeit Couscous nach Packungsanleitung zubereiten. Die Zitrone heiß abwaschen, abtrocknen und die Schale fein abreiben. Zitrone halbieren und den Saft auspressen. Minze abspülen, trocken tupfen und die Blättchen von den Stängeln zupfen. Die Blättchen klein schneiden.

6 Den garen Couscous mit einer Gabel auflockern und vorsichtig unter das Gemüse heben. Couscous mit Olivenöl, Zitronenschale, -saft, Minze, Salz und Pfeffer abschmecken. Den Couscous mit den Eierspalten und dem Spinat garnieren.

FITMACHER-TIPP:

Die Zitrone ist länglich-oval, mit gelber bis gelb-grüner Schale und sehr saurem Fruchtfleisch. Die Verwendung in der Küche ist vielfältig. Zitronensaft würzt Fisch und Fleischgerichte, und die abgeriebene Schale von unbehandelten, ungewachsten Bio-Früchten aromatisiert beim Backen und Kochen. Zitronen sind reich an Vitamin C.

SOMMERTOMATEN
MIT FRUCHTIG-PIKANTEM LINSENSALAT

4 Portionen

Pro Portion:
E: 12 g, F: 5 g, Kh: 33 g,
kJ: 953, kcal: 228, BE: 2,5

Für den Linsensalat:
125 g feine Linsen, z. B. Puy-, Beluga- oder Alb-Linsen
1 Lorbeerblatt
1 TL gekörnte Gemüsebrühe
Salz
1 TL Olivenöl
1–2 EL milder Apfelessig

200 g Joghurt (0,1 % Fett)
1 Prise Zucker
etwas mildes Currypulver
gem. Pfeffer
1 große, rote Paprikaschote (250 g)
1 kleine, reife Mango (300 g)

600 g Tomaten, z. B. aromatische Romana-Freilandtomaten
2 Knoblauchzehen
1 großes Bund gemischte Sommerkräuter, z. B. Thymian, Rosmarin, Basilikum, Dill
1 EL Olivenöl

Zubereitungszeit:
20 Minuten
Garzeit:
etwa 30 Minuten

1 Für den Salat Linsen abspülen und mit dem Lorbeerblatt in einen Topf geben. Soviel Wasser hinzugießen, dass die Linsen etwa 1 cm hoch mit Flüssigkeit bedeckt sind. Linsen zum Kochen bringen, Brühe hinzugeben. Die Linsen bei schwacher Hitze etwa 25 Minuten garen (Packungsanleitung beachten). Dann 1 Teelöffel Salz zugeben und die Linsen weitere etwa 5 Minuten köcheln lassen.

2 Linsen abgießen und abtropfen lassen. Die Linsen in einer Schüssel mit Olivenöl und Apfelessig mischen. Den Linsensalat lauwarm abkühlen lassen.

3 Inzwischen Joghurt mit Zucker, Curry, Salz und Pfeffer verrühren und abschmecken.

4 Die Paprikaschote halbieren, entstielen, entkernen und die weißen Scheidewände entfernen. Schoten abspülen, abtropfen lassen und fein würfeln. Die Mango schälen. Das Fruchtfleisch vom Kern schneiden und fein würfeln. Paprika- und Mangowürfel unter die Linsen mischen, mit Salz und Pfeffer würzen.

5 Tomaten abspülen, abtrocknen, halbieren und die Stängelansätze herausschneiden. Knoblauch schälen und in Scheiben schneiden. Kräuter abspülen und trocken tupfen. Die Blättchen, Nadeln und Spitzen von den Stängeln zupfen, grob hacken.

6 Olivenöl in einer beschichteten Pfanne erhitzen. Rosmarin, Thymian und Knoblauch darin anbraten. Die Tomaten zugeben, bei starker Hitze kurz durchschwenken, mit Salz und Pfeffer würzen. Die restlichen Kräuter darüber streuen. Die Tomaten mit dem Linsensalat anrichten und mit dem Dressing servieren.

Tipps: Garnieren Sie das Gericht mit abgespülten, trocken getupften Basilikumblättchen. Servieren Sie frisches Vollkornbrot dazu.

FITMACHER-TIPP:

Die heimische Tomatenhauptsaison dauert von Juli bis September. Dabei sind die unterschiedlichsten Sorten erhältlich: rund, länglich und eierförmig, von kirschgroß bis hin zu 10 cm großen Fleischtomaten. Tomaten zeichnen sich durch einen hohen Gehalt an Beta-Carotin und Vitamin C sowie an Kalium und Carotinoiden, insbesondere Lycopin (besonders hoher Gehalt in Freilandtomaten), aus. Lycopin wird eine antioxidative Wirkung zugesprochen.

KÜRBIS-KNUSPER-FLADEN

MIT LAUWARMEM HERBSTSALAT

4 Portionen

Pro Portion:
E: 20 g, F: 19 g, Kh: 70 g,
kJ: 2231, kcal: 533, BE: 5,5

Für den Hefeteig:
175 ml Buttermilch (zimmerwarm)
21 g frische Hefe
½ TL flüssiger Honig
300 g Hokkaido-Kürbis (vorbereitet gewogen etwa 200 g)
250 g Dinkelmehl (Type 630)
etwa 2 ½ TL Meersalz

Für den Herbstsalat:
500 g Rote-Bete-Kugeln (vorgegart, vakuumverpackt)
½ EL Walnussöl
Salz
gem. schwarzer Pfeffer
etwas frischer oder ½ TL gerebelter Thymian
3 EL frisch gepresster Orangensaft

3 EL Kürbiskerne zum Bestreuen der Fladen

2 EL gehackte Walnusskerne
2 frische Zwiebeln mit Grün oder Frühlingszwiebeln
1 Eichblattsalat
1 große, reife Birne
1 TL flüssiger Honig
2 EL Walnussöl

Zubereitungszeit:
35 Minuten
Backzeit:
etwa 15 Minuten je Backblech

1 Buttermilch in ein Gefäß geben. Die Hefe hineinbröckeln. Honig hinzugeben, glatt rühren und zugedeckt stehen lassen. Inzwischen von dem Kürbis das weiche Innere mit einem Esslöffel herausschaben. Kürbis gründlich abspülen, trocken tupfen und fein raspeln.

2 Das Mehl in eine Rührschüssel geben. Hefe-Buttermilch hinzugießen, nach und nach zu einem festen Teig verkneten. Knapp 1 Teelöffel Salz und die Kürbisraspel gründlich unterkneten, bis ein glatter, recht weicher Teig entstanden ist. Den Teig weitere 3 Minuten kräftig durchkneten, zugedeckt beiseitestellen.

3 Rote Bete klein schneiden. Öl in einer Pfanne erhitzen. Rote Bete darin kurz andünsten, mit Salz, Pfeffer und Thymian würzen. Den Orangensaft dazugießen. Die Pfanne von der Kochstelle nehmen.

4 Den Backofen vorheizen.
Ober-/Unterhitze: etwa 220 °C, Heißluft: etwa 200 °C.

5 Den Teig nochmals kräftig durchkneten. Dann in 8 gleich großen Portionen auf einer sehr gut bemehlten Arbeitsfläche zu dünnen Fladen formen. Die Fladen auf 2 Backbleche (mit Backpapier belegt) legen, mit einem Kochlöffelstiel tiefe Mulden eindrücken.

6 Die Fladen mit den Kürbiskernen und dem restlichen Meersalz bestreuen. Die Backbleche nacheinander (bei Heißluft zusammen) in den vorgeheizten Backofen (bei Ober-/Unterhitze das Blech auf der untersten Schiene einschieben) schieben. Die Fladen in etwa 15 Minuten knusprig backen.

7 Inzwischen Nüsse in einer Pfanne ohne Fett unter Wenden rösten, dann auf einen Teller geben. Zwiebeln putzen und in feine Ringe schneiden. Salat putzen, zerteilen, die Blätter gründlich abspülen und trocken schleudern. Salat in mundgerechte Stücke zupfen.

8 Die Birne schälen, vierteln, entkernen und in schmale Spalten schneiden. Die vorbereiteten Salatzutaten in einer Schüssel anrichten. Honig und Walnussöl unter die Rote-Bete-Würfel mischen, nochmals abschmecken und über die Salatzutaten träufeln. Die heißen Kürbisfladen mit dem Salat anrichten und servieren.

FITMACHER-TIPP:

Kürbiskerne punkten mit B-Vitaminen, einem relativ hohen Vitamin-E-Gehalt sowie Mineralstoffen und Spurenelementen. Sie enthalten viel Fett, vor allem aber gesunde, ungesättigte Fettsäuren.

GEMÜSESUPPE
VERFEINERT MIT BASILIKUMPESTO

4 Portionen

Pro Portion:
E: 6 g, F: 19 g, Kh: 8 g,
kJ: 982, kcal: 235, BE: 0,5

Für die Gemüsesuppe:
2 Stangen Porree (Lauch, etwa 350 g)
4 Stangen Staudensellerie (etwa 300 g)
4 Möhren (etwa 350 g)
40 g Butter oder Margarine
1 l Gemüsebrühe
Salz
gem. Pfeffer

Für das Basilikumpesto:
1 kleines Bund Basilikum
40 g ger. Parmesan
1 Knoblauchzehe
3 EL Olivenöl

Zubereitungszeit:
20 Minuten
Garzeit:
etwa 10 Minuten

1 Für die Suppe den Porree putzen, die Stangen längs halbieren, gründlich waschen und abtropfen lassen. Porree in feine Streifen schneiden. Den Staudensellerie putzen, abspülen, abtropfen lassen und in feine Scheiben schneiden. Möhren putzen, schälen, abspülen, abtropfen lassen und in dünne Stifte schneiden.

2 Butter oder Margarine in einem Topf zerlassen. Porreestreifen, Selleriescheiben und Möhrenstifte darin etwa 4 Minuten unter gelegentlichem Rühren andünsten.

3 Die Brühe hinzugießen, mit Salz und Pfeffer würzen. Die Zutaten zum Kochen bringen und zugedeckt etwa 10 Minuten bei schwacher Hitze kochen.

4 In der Zwischenzeit für das Pesto Basilikum abspülen, trocken tupfen und die Blättchen von den Stängeln zupfen. Blättchen mit Parmesan in einen hohen Rührbecher geben. Knoblauch abziehen und hinzugeben.

5 Die Zutaten mit einem Pürierstab fein pürieren. Basilikumpüree herausnehmen und in einer kleinen Schüssel mit Olivenöl glatt rühren. Das Pesto mit Salz und Pfeffer würzen.

6 Die Gemüsesuppe mit Salz und Pfeffer abschmecken. Das Basilikumpesto zu der Suppe reichen.

FITMACHER-TIPP:

Porree, auch Lauch genannt, hat inzwischen das ganze Jahr über Saison. Schwefelhaltige ätherische Öle sind für den typischen Porreegeruch und -geschmack verantwortlich. Im späten Frühjahr und im Sommer schmeckt der Porree milder als der, der im Herbst und Winter geerntet wird. Porree punktet mit den Spurenelementen Eisen und Zink, in seinen grünen Pflanzenteilen ist Beta-Carotin enthalten.

KALTE GURKENSUPPE

MIT GEMÜSEWÜRFELN

4 Portionen

Pro Portion:
E: 9 g, F: 14 g, Kh: 13 g,
kJ: 942, kcal: 225, BE: 1,0

375 ml Gurkensaft
(entspricht etwa dem Saft 1 ungeschälten Gurke, frisch aus dem Entsafter/der Zentrifuge)
450 g saure Sahne
1 Bio-Salatgurke (etwa 400 g)
je ½ rote und grüne Paprikaschote
200 g abgetropfte Rote Bete (aus dem Glas)
2 hart gekochte Eier
2 Bund Schnittlauch
Salz
gem. Pfeffer

Zubereitungszeit:
30 Minuten, ohne Kühlzeit

1 Den Gurkensaft mit der sauren Sahne sorgfältig verrühren.

2 Die Salatgurke sorgfältig waschen, abtrocknen und die Enden abschneiden.

3 Die Gurke mit der Schale längs halbieren und die Kerne mit einem Teelöffel entfernen. Paprikahälften entstielen, entkernen und die weißen Scheidewände entfernen. Paprikahälften abspülen und abtropfen lassen.

4 Gurke, Paprika und Rote Bete in kleine Würfel schneiden.

5 Die Eier pellen und ebenfalls klein würfeln. Schnittlauch abspülen, trocken tupfen und in Röllchen schneiden. Jeweils 1 Esslöffel der Gurken-, Paprika-, Rote-Bete- und Eierwürfel beiseitelegen. Die restlichen Würfel mit den Schnittlauchröllchen unter den mit saurer Sahne verrührten Gurkensaft rühren.

6 Die Gurkensuppe mit Salz und Pfeffer abschmecken und gut gekühlt servieren.

7 Die beiseitegelegten Gurken-, Paprika-, Rote-Bete- und Eierwürfel in je ein Schälchen geben und dazureichen.

Tipp: Essen Sie die Suppe mit 1–2 Scheiben Vollkorn- oder Nussbrot pro Portion.

FITMACHER-TIPP:

Salatgurken, auch Schlangengurken, kommen vorwiegend aus dem Gewächshaus. Freilandgurken werden von Mitte August bis Ende September angeboten. Da Gurken zu 98 Prozent aus Wasser bestehen, liefern sie sehr wenig Kalorien, pro 100 g nur etwa 12 kcal. Die früher enthaltenen Bitterstoffe wurden durch Züchtung stark zurückgedrängt.

RATATOUILLE-SUPPE

KLASSISCH

4 Portionen

Pro Portion:
E: 8 g, F: 13 g, Kh: 10 g,
kJ: 805, kcal: 192, BE: 0,0

100 g rote Zwiebeln
1–2 Knoblauchzehen
je 1 rote und gelbe Paprikaschote (je etwa 200 g)
200 g Auberginen
200 g Zucchini
2 EL Olivenöl
1 EL Tomatenmark
1 l Gemüsebrühe
Salz
Cayennepfeffer
150 g Cocktailtomaten
je 2 Stängel Minze, Basilikum und Petersilie
30 g schwarze Oliven ohne Stein
etwas abgeriebene Schale von 1 Bio-Zitrone (unbehandelt, ungewachst)
50 g geraspelter Parmesan

Zubereitungszeit:
30 Minuten
Garzeit:
etwa 12 Minuten

1 Zwiebeln und Knoblauch abziehen und in kleine Würfel schneiden. Paprikaschoten halbieren, entstielen, entkernen und die weißen Scheidewände entfernen. Die Schotenhälften abspülen und abtropfen lassen.

2 Auberginen und Zucchini abspülen, abtrocknen und die Stängelansätze bzw. Enden abschneiden. Die Gemüsezutaten in etwa 1 cm große Stücke schneiden.

3 Das Olivenöl in einem Topf erhitzen. Zwiebel-, Knoblauchwürfel, Auberginen- und Paprikastücke darin unter Rühren kräftig andünsten. Tomatenmark unterrühren und kurz mitrösten. Die Gemüsebrühe hinzugießen, zum Kochen bringen, mit Salz und Cayennepfeffer würzen. Das Gemüse etwa 12 Minuten offen kochen lassen.

4 In der Zwischenzeit Tomaten abspülen, abtropfen lassen und evtl. die Stängelansätze herausschneiden. Tomaten vierteln. Minze, Basilikum und Petersilie abspülen und trocken tupfen. Die Blättchen von den Stängeln zupfen. Blättchen grob schneiden.

5 Zucchinistücke, Tomatenviertel und Oliven nach etwa 9 Minuten Garzeit in die Suppe geben und mitgaren lassen. Zuletzt die Zitronenschale und die Kräuter hinzugeben. Den Topf von der Kochstelle nehmen.

6 Die Ratatouille-Suppe anrichten und mit dem geraspelten Parmesan servieren.

FITMACHER-TIPP:

Auberginen enthalten wenig Kalorien und praktisch kein Fett. Sie liefern dafür viel Kalium.

ERBSEN-MÖHREN-EINTOPF MIT GERÄUCHERTEN TOFUWÜRSTCHEN

VEGAN

4 Portionen

Pro Portion:
E: 22 g, F: 11 g, Kh: 27 g,
kJ: 1257, kcal: 301, BE: 2,0

2 Zwiebeln
400 g Möhren
200 g Staudensellerie
2 EL Speiseöl
600 g TK-Erbsen
Salz
gem. Pfeffer
1,2 l Gemüsebrühe
4 Stängel Liebstöckel
4 geräucherte Tofuwürstchen

Zubereitungszeit:
15 Minuten
Garzeit:
etwa 15 Minuten

1 Die Zwiebeln abziehen, halbieren und in kleine Würfel schneiden. Möhren putzen, schälen, abspülen, abtropfen lassen und in Scheiben schneiden. Staudensellerie putzen, abspülen, abtropfen lassen und in Stücke schneiden.

2 Das Speiseöl in einem Topf erhitzen. Möhrenscheiben, Selleriewürfel und die Erbsen hinzugeben. Die Zutaten mit Salz und Pfeffer würzen. Gemüsebrühe hinzugießen und alles zum Kochen bringen. Den Erbsen-Möhren-Eintopf zugedeckt etwa 15 Minuten kochen lassen.

3 In der Zwischenzeit Liebstöckel abspülen und trocken tupfen. Die Blättchen von den Stängeln zupfen und klein schneiden.

4 Die Tofuwürstchen in mundgerechte Stücke schneiden, in den Eintopf geben und miterhitzen. Liebstöckel unterrühren. Den Erbsen-Möhren-Eintopf anrichten und servieren.

Tipp: Sie können auch frisch gepalte Erbsen verwenden.

FITMACHER-TIPP:

Möhren aus Deutschland werden im Sommer als Bund- und Waschmöhren angeboten, dann folgen Herbst- und Wintermöhren. Möhren sind reich an Beta-Carotin (Vorstufe von Vitamin A) und sollten immer mit etwas Fett zubereitet werden, damit der Körper das Carotin besser verwerten kann. Möhren sind kalorienarm und dabei ballaststoffreich.

SÜßKARTOFFEL-AUFLAUF MIT ERDNÜSSEN

AMERICAN STYLE

4 Portionen

Pro Portion:
E: 18 g, F: 11 g, Kh: 62 g,
kJ: 1784, kcal: 426, BE: 5,0

900 g mittelgroße Süßkartoffeln (Bataten)
1 TL Salz
1 großes Bund Frühlingszwiebeln (etwa 220 g)
1 TL Erdnuss- oder Olivenöl

Für die Sauce:
30 g Weizenmehl (Type 550)
600 ml Milch (1,5 % Fett)
1 TL gekörnte Gemüsebrühe
Salz
gem. Pfeffer
1 Lorbeerblatt
Cayennepfeffer oder Chiliflocken nach Belieben

50 g getrocknete Soft-Tomaten (aus der Packung)
30 g geröstete Erdnüsse (ungesalzen)
75 g ger. Gratin-Käse, light (etwa 14 % Fett)

Außerdem:
1 große Auflaufform (etwa 2 Liter Inhalt)

Zubereitungszeit:
30 Minuten, ohne Abkühlzeit
Garzeit:
40–45 Minuten

1 Die Süßkartoffeln gründlich abwaschen. Dann die Süßkartoffeln knapp mit Wasser bedeckt, zugedeckt zum Kochen bringen. Salz hinzufügen. Die Süßkartoffeln in 15–18 Minuten vorgaren.

2 Inzwischen Frühlingszwiebeln putzen, abspülen, abtropfen lassen und in feine Scheiben schneiden. Das Öl in einem Topf erhitzen. Frühlingszwiebelscheiben darin unter Wenden kurz anbraten, dann auf einen Teller geben.

3 Für die Sauce das Mehl gleichmäßig auf den Topfboden ins Bratfett streuen und so lange erhitzen, bis das Mehl leicht zu duften anfängt und zart goldgelb gebräunt ist. Den Topf von der Kochstelle nehmen. Die Milch mit einem Schneebesen unter kräftigem Schlagen unter das angeröstete Mehl rühren, mit gekörnter Brühe, Salz, Pfeffer, Lorbeerblatt und evtl. Cayennepfeffer oder Chiliflocken würzen. Die Sauce bei schwacher Hitze noch etwa ½ Minute köcheln lassen.

4 Süßkartoffeln abgießen und kurz abkühlen lassen. Süßkartoffeln schälen und in etwa ½ cm dicke Scheiben schneiden. Tomaten in Streifen schneiden. Die Nüsse grob hacken.

5 Den Backofen vorheizen.
Ober-/Unterhitze: etwa 180 °C, Heißluft: etwa 160 °C.

6 Die Auflaufform mit etwas von der Sauce ausstreichen. Dann die Süßkartoffelscheiben, Tomatenstreifen, Frühlingszwiebelscheiben, Erdnüsse und die restliche Sauce in mehreren Schichten nach und nach in die Form geben. Dabei die Süßkartoffel-Schichten jeweils mit etwas Salz und Pfeffer würzen. Zuletzt den Auflauf mit Käse bestreuen.

7 Die Form auf dem Rost in den vorgeheizten Backofen schieben. Den Auflauf in **40–45 Minuten goldbraun backen.**

FITMACHER-TIPP:

Erdnüsse haben zwar einen sehr hohen Fettgehalt, punkten dabei aber mit vielen ungesättigten Fettsäuren. In Maßen genossen, sind die Nüsse darüber hinaus auch aufgrund ihres Gehalts an Eiweiß, Fluor und Jod zu empfehlen.

PFANNENGEMÜSE

MIT KALTEM ORANGEN-COUSCOUS

2 Portionen

Pro Portion:
E: 13 g, F: 16 g, Kh: 56 g,
kJ: 1808, kcal: 432, BE: 4,0

175 ml Orangensaft
100 g Couscous
1 gelbe Paprikaschote
(etwa 150 g)
100 g Staudensellerie
2 rote Zwiebeln (etwa 120 g)
2 EL Olivenöl
1 Msp. Chiliflocken
300 g Zucchini
250 g Cocktailtomaten
4 Stängel Zitronenverbene oder
3 Stängel Zitronenthymian
Salz
gem. Pfeffer
80 g griechischer Sahnejoghurt
(10 % Fett)

Zubereitungszeit:
30 Minuten

1 Den Orangensaft leicht erwärmen (nicht kochen) und in eine Schüssel geben. Den Couscous unter Rühren einstreuen und zugedeckt etwa 25 Minuten quellen lassen.

2 In der Zwischenzeit die Paprikaschote vierteln, entstielen, entkernen und die weißen Scheidewände entfernen. Schotenviertel abspülen, trocken tupfen und längs in schmale Streifen schneiden.

3 Staudensellerie putzen, abspülen, abtropfen lassen und in feine Scheiben schneiden. Zwiebeln abziehen, halbieren und in feine Spalten schneiden.

4 Das Olivenöl in einer großen Pfanne oder einem Wok erhitzen. Zwiebelspalten, Selleriescheiben und Paprikastreifen darin unter Rühren andünsten, mit Chiliflocken würzen. Das Gemüse etwa 10 Minuten bei mittlerer Hitze unter Rühren dünsten.

5 Zucchini abspülen, abtrocknen und die Enden abschneiden. Zucchini in dünne Scheiben schneiden. Tomaten abspülen, abtropfen lassen und halbieren. Zitronenverbene oder -thymian abspülen und trocken tupfen. Die Blättchen von den Stängeln zupfen. Zitronenverbeneblättchen evtl. etwas kleiner schneiden.

6 Die Tomatenhälften, Zucchinischeiben und Kräuter zu dem Gemüse in die Pfanne oder den Wok geben und etwa 3 Minuten mitdünsten lassen.

7 Orangen-Couscous mit Salz abschmecken. Das Gemüse mit Salz und Pfeffer abschmecken, anrichten und nach Belieben mit abgespülten und trocken getupften Verbene- oder Thymianstängeln garnieren. Orangen-Couscous und Joghurt zum Pfannengemüse servieren.

FITMACHER-TIPP:

Zucchini gehören zur Familie der Kürbisgewächse. Es gibt Sorten mit einer grünen, einer gelben und einer weißen Schale, alle haben ein weißliches Fruchtfleisch, das viele Kerne enthält. Man erntet Zucchini bei einer Größe von 15–20 cm, weil sie dann besonders schmackhaft sind. Zucchini enthalten pro 100 g nur etwa 18 kcal. Sie punkten mit Kalium und Beta-Carotin. Im Gemüsefach des Kühlschranks bleiben sie 3–4 Tage frisch. Von Juni bis Oktober gibt es Zucchini aus deutschem Anbau.

KNUSPRIGE REISPLÄTZCHEN

MIT PILZ-TOMATEN-RAGOUT

2 Portionen

Pro Portion:
E: 17 g, F: 14 g, Kh: 38 g,
kJ: 1414, kcal: 338, BE: 3,0

4 TL Sonnenblumenöl
4 EL TK-Zwiebelwürfel oder
2 TL TK-Knoblauchwürfel
400 g rosé Champignons
150 g Cocktailtomaten
Salz
gem. Pfeffer
2 Eiweiß
2 TL Speisestärke
200 g fertig gegarter Reis (vom Vortag)
½ TL gerebelter Thymian
100 g saure Sahne

2 EL Schnittlauchröllchen (frisch oder TK)

Zubereitungszeit:
20 Minuten

1. Zwei Teelöffel von dem Sonnenblumenöl in einer Pfanne erhitzen. Zwiebel- oder Knoblauchwürfel darin andünsten.
2. Champignons putzen, evtl. kurz abspülen, trocken tupfen und nach Belieben in Scheiben schneiden. Tomaten abspülen, abtrocknen, halbieren und evtl. die Stängelansätze herausschneiden.
3. Die Champignons zu den Zwiebel- oder Knoblauchwürfeln in die Pfanne geben, bei starker Hitze unter Rühren etwa 3 Minuten braten. Die Pilz-Mischung mit Salz und Pfeffer würzen. Tomatenhälften hinzugeben und kurz durchschwenken.
4. In der Zwischenzeit Eiweiß mit Salz in einem tiefen Teller schaumig aufschlagen. Die Speisestärke unterschlagen. Den garen Reis untermischen, mit Thymian, Salz und Pfeffer würzen.
5. Das restliche Sonnenblumenöl in einer beschichteten Pfanne erhitzen. Die Reismischung in etwa 8 gleich großen Portionen in die Pfanne geben. Die Portionen jeweils mit einem Löffel leicht verstreichen. Die Reisplätzchen bei mittlerer Hitze von beiden Seiten knusprig und zartbraun braten.
6. Die Pfanne mit dem Champignon-Tomaten-Ragout von der Kochstelle nehmen. Saure Sahne unterrühren, nochmals mit Salz und Pfeffer abschmecken.
7. Die Reisplätzchen mit dem Pilz-Tomaten-Ragout anrichten. Pilz-Tomaten-Ragout mit abgespülten, trocken getupften Schnittlauchröllchen bestreuen.

Tipp: Die knusprigen Reisplätzchen schmecken ohne Thymian und Pfeffer gewürzt gut zu Kompott oder Obstsalat.

FITMACHER-TIPP:

Verwenden Sie für die Reisplätzchen am besten Vollkorn- oder Langkornreis. Beim Kauf von Langkornreis sollten Sie darauf achten parboiled Reis zu kaufen. Dieser wird so schonend verarbeitet, dass ein Großteil der Vitamine und Mineralstoffe erhalten bleibt.

KARTOFFEL-KRAUT-QUICHE

PREISWERT – GUT VORZUBEREITEN

4 Portionen

Pro Portion:
E: 8 g, F: 12 g, Kh: 43 g,
kJ: 1339, kcal: 320, BE: 3,5

500 g vorwiegend festkochende Kartoffeln
2–3 Stängel frischer oder ½ TL gerebelter Thymian
300 ml Gemüsebrühe

1 Zwiebel
2 ½ EL Speiseöl
2–3 EL Honig
250 g abgetropftes Sauerkraut (frisch oder aus der Dose)
Salz
gem. Pfeffer
1 Prise Chiliflocken
100 ml Wasser
100 g Kochsahne (10 % Fett)
½ rote Paprikaschote (100 g)

3 Blätter Filoteig (hauchdünne Teigblätter aus dem Kühlregal, etwa 30 x 30 cm, ersatzweise Strudelteig)
2 EL Sonnenblumenkerne zum Bestreuen

Außerdem:
1 Spring- oder Pieform (Ø 26 cm)

Zubereitungszeit:
25 Minuten
Backzeit:
20–25 Minuten
Garzeit:
etwa 24 Minuten

1 Kartoffeln schälen, abspülen, abtropfen lassen, in etwa ½ cm dünne Scheiben schneiden oder hobeln. Frischen Thymian abspülen, trocken tupfen und die Blättchen von den Stängeln zupfen. Brühe mit Thymian in einem Topf zum Kochen bringen. Kartoffelscheiben darin bei mittlerer Hitze 8–10 Minuten zugedeckt vorgaren. Dann in einem Sieb abtropfen lassen, die Kochflüssigkeit dabei auffangen.

2 Inzwischen Zwiebel abziehen und fein würfeln. ½ Esslöffel von dem Speiseöl in einem Topf erhitzen. Zwiebelwürfel darin glasig dünsten. Honig zugeben und leicht karamellisieren lassen. Sauerkraut untermischen, mit Salz, Pfeffer und Chili würzen. Das Wasser hinzugießen, zugedeckt etwa 10 Minuten leise schmoren lassen. Die Kochsahne und die aufgefangene Kartoffelbrühe hinzugießen. Das Sauerkraut weitere etwa 4 Minuten bei starker Hitze offen schmoren.

3 Inzwischen Paprikaschote entstielen, entkernen und die weißen Scheidewände entfernen. Schote abspülen, abtropfen lassen und in sehr feine Streifen schneiden. Die Paprikastreifen unter das Sauerkraut mischen.

4 Den Backofen vorheizen.
Ober-/Unterhitze: 200 °C, Heißluft: etwa 180 °C.

5 Die Filoteigblätter auf einer Arbeitsfläche ausbreiten, mit dem restlichen Öl bestreichen und übereinanderlegen. Die Spring- bzw. Pieform (mit Backpapier, das über den Formrand hinausragt, ausgelegt) damit auslegen.

6 Die Kartoffeln gleichmäßig in der Form verteilen. Anschließend das Sauerkraut darauf verteilen und mit Sonnenblumenkernen bestreuen. Die Form auf dem Rost in den vorgeheizten Backofen (unterste Schiene) schieben. Kartoffel-Kraut-Quiche in **20–25 Minuten knusprig backen.**

7 Die Form auf einen Kuchenrost stellen. Die Quiche nach Belieben mithilfe des Backpapiers vorsichtig aus der Form heben. Quiche in Stücke schneiden und sofort servieren.

FITMACHER-TIPP:

Frisches Sauerkraut enthält jede Menge Vitamin C, das jedoch, wenn es stark gekocht wird, verloren geht. Positiv sind die reichlich enthaltenen Ballaststoffe.

BOHNEN-„FRIKADELLEN“

VEGAN

4 Portionen:

Pro Portion:
E: 9 g, F: 12 g, Kh: 28 g,
kJ: 1071, kcal: 255, BE: 2,0

Für die „Frikadellen“:
2 große Zwiebeln (150 g)
1 Knoblauchzehe
150 g rosé Champignons
1 EL Sojaöl
3 Scheiben veganer Vollkorn-Toast (85 g)
240 g abgetropfte weiße Bohnenkerne (aus der Dose)
25 g Ei-Ersatz-Pulver
90 ml Wasser
2 TL Hefeflocken
1 gestr. TL vegane, gekörnte Hefebrühe
gem. Pfeffer
evtl. Salz

2 EL Olivenöl

je ½ Bund oder Töpfchen Basilikum, Rosmarin und glatte Petersilie
600 g feste Tomaten, z. B. Flaschen-, Romana- oder Cocktailtomaten
1 Prise Voll-Rohrzucker

Zubereitungszeit:
25 Minuten
Bratzeit:
etwa 12 Minuten

1 Für die „Frikadellen“ Zwiebeln und Knoblauch abziehen und grob würfeln. Champignons putzen, evtl. kurz abspülen und trocken tupfen. Champignons fein würfeln. Sojaöl in einer Pfanne erhitzen. Zwiebeln und Knoblauch darin goldbraun braten, Pilze zugeben und unter Wenden bei mittlerer Hitze braten, bis die Flüssigkeit verdampft ist. Pilz-Zwiebel-Mischung auf einen Teller geben.

2 Toast zerkrümeln. Bohnen in einem Sieb abspülen und abtropfen lassen. Ei-Ersatz-Pulver mit Wasser verquirlen. Bohnenkerne, Hefeflocken und Brühe in einen hohen Rührbecher geben. Die etwas abgekühlte Pilz-Zwiebel-Mischung und die Toastkrümel hinzugeben. Die Zutaten mit einem Pürierstab kurz pürieren. Ei-Ersatz gründlich unterrühren, alles mit Pfeffer und evtl. noch etwas Salz kräftig würzen.

3 Von dem Olivenöl 1 Esslöffel in einer beschichteten Pfanne erhitzen. Von der Bohnenmasse mithilfe eines Esslöffels kleine „Frikadellen“ in das heiße Öl setzen und etwas flach drücken. Die „Frikadellen“ bei mittlerer bis schwacher Hitze braten, bis sich ein knuspriger Rand an der Unterseite bildet. Dann die „Frikadellen“ vorsichtig wenden und von der anderen Seite ebenfalls braun braten. Die fertig gebratenen „Frikadellen“ zugedeckt auf einem Teller kurz warm halten.

4 Kräuter abspülen, trocken tupfen und die Nadeln bzw. Blättchen von den Stängeln zupfen. Rosmarin hacken. Basilikum und Petersilie grob schneiden. Tomaten abspülen, abtrocknen, halbieren und die Stängelansätze entfernen. Tomaten in grobe Stücke schneiden.

5 Das restliche Olivenöl im Bratfett der „Frikadellen“ erhitzen. Rosmarin darin anbraten. Tomaten zugeben, mit Salz, Pfeffer und Zucker würzen, bei starker Hitze kurz durchschwenken. Die Tomaten mit den frischen Kräutern bestreuen.

6 Die „Frikadellen“ mit den Tomaten servieren.

Tipp: Sie können zusätzlich etwas Vollkornreis dazu servieren.

FITMACHER-TIPP:

Weiße Bohnen bringen Mineralstoffe wie Magnesium, Kalium, Kalzium und Phosphat auf den Teller.

PERLGRAUPENRISOTTO

VEGAN

2 Portionen

Pro Portion:
E: 14 g, F: 7 g, Kh: 85 g,
kJ: 1967, kcal: 470, BE: 6,0

200 g Perlgraupen
1 Zwiebel
1 EL Speiseöl, z. B. Sonnenblumenöl
400 ml Gemüsebrühe
1 Bund Frühlingszwiebeln
3 große Tomaten
Salz
gem. Pfeffer
etwas abgeriebene Schale und Saft von 1 Bio-Zitrone (unbehandelt, ungewachst)

Zubereitungszeit:
30 Minuten

1 Die Perlgraupen nach Belieben in ein Sieb geben, mit kaltem Wasser abspülen und gut abtropfen lassen. Zwiebel abziehen und in kleine Würfel schneiden.

2 Das Öl in einem Topf erhitzen. Zwiebelwürfel darin unter Rühren andünsten. Perlgraupen hinzugeben und 1–2 Minuten unter gelegentlichem Rühren mitbraten. Nach und nach die Brühe hinzugießen. Die Zutaten zugedeckt etwa 20 Minuten bei schwacher Hitze köcheln lassen, bis die Perlgraupen bissfest sind.

3 In der Zwischenzeit Frühlingszwiebeln putzen, abspülen, abtropfen lassen und schräg in feine Scheiben schneiden. Nach Belieben etwa 1 Esslöffel Frühlingszwiebelscheiben zum Garnieren beiseitelegen.

4 Die Tomaten kreuzweise einschneiden und mit kochendem Wasser übergießen. Nach 1–2 Minuten herausnehmen und mit kaltem Wasser abschrecken. Tomaten enthäuten, halbieren und die Stängelansätze herausschneiden. Anschließend entkernen und das Fruchtfleisch in mundgerechte Stücke schneiden.

5 Die Frühlingszwiebeln mit den Tomaten etwa 5 Minuten vor Garzeitende zu den Perlgraupen in den Topf geben, unterrühren und alles zugedeckt fertig garen.

6 Das Risotto mit Salz, Pfeffer, etwa 1 Teelöffel Zitronenschale und 1–2 Esslöffeln Zitronensaft abschmecken. Das Perlgraupenrisotto auf Tellern anrichten und nach Belieben mit den beiseitegelegten Frühlingszwiebeln garnieren.

Tipps: Wenn Sie die Perlgraupen etwas weicher mögen, garen Sie das Risotto etwa 5 Minuten länger. Die Tomaten möglichst stets mitgaren, sie geben dem Risotto die nötige Flüssigkeit und verleihen eine angenehme Säure.

FITMACHER-TIPP:

Graupen sind durch Schleifen und Polieren abgerundete Gersten-, seltener auch Weizenkörner. Perlgraupen sind rund geschliffene besonders kleine Graupen. Durch das Schleifen werden die nährstoffreichen Schichten des Korns entfernt. Allerdings sind Graupen reich an Kohlenhydraten und sättigen auf leicht bekömmliche und fettarme Weise.

TORTILLA VEGETARIANA

QUICK & CHIC

4 Portionen

Pro Portion:
E: 19 g, F: 8 g, Kh: 70 g,
kJ: 1856, kcal: 443, BE: 5,0

Für das Gemüse-Chili:
2 Knoblauchzehen
2 Zwiebeln
2 Stangen Staudensellerie (etwa 130 g)
1 EL Olivenöl
1 TL Tomatenmark
1 große, gelbe Paprikaschote (275 g)
400 g stückige Tomaten (aus der Dose)
Salz
gem. Pfeffer
Cayennepfeffer
250 g abgetropfte Kidney-Bohnen (aus der Dose)
1 großes Bund Frühlingszwiebeln (220 g)
165 g abgetropfter Gemüsemais (aus der Dose)

Für den Dip:
250 g Joghurt (0,1 % Fett)
100 g saure Sahne (10 % Fett)
1–2 Knoblauchzehen
je 1 Bund oder ½ Töpfchen Basilikum und frischer Koriander

8 Tortilla-Weizenfladen mit Maismehl (320 g, aus dem Brotregal)

Zubereitungszeit:
etwa 30 Minuten

1 Für das Chili Knoblauch und Zwiebeln abziehen und in feine Würfel schneiden. Sellerie putzen. Die Stangen abspülen, abtropfen lassen und in feine Scheiben schneiden. Das Öl in einer Pfanne erhitzen. Knoblauch und Zwiebelwürfel darin glasig dünsten. Sellerie und Tomatenmark zugeben und unter Rühren kurz mit anbraten. Die stückigen Tomaten hinzufügen, mit Salz, Pfeffer und Cayennepfeffer würzen, aufkochen lassen.

2 Die Bohnen in einem Sieb abspülen und abtropfen lassen, dann unter das Tomatengemüse rühren. Die Zutaten bei starker Hitze unter Rühren sämig einkochen lassen.

3 In der Zwischenzeit Frühlingszwiebeln putzen, abspülen, abtropfen lassen und in feine Scheiben schneiden. Den Mais und die Frühlingszwiebeln unter das Tomatengemüse rühren und alles weitere etwa 5 Minuten köcheln lassen.

4 Inzwischen für den Dip Joghurt mit saurer Sahne glatt rühren. Knoblauch abziehen und durch eine Knoblauchpresse dazu drücken. Basilikum und Koriander abspülen, trocken tupfen. Die Blättchen von den Stängeln zupfen, klein schneiden und unterrühren.

5 Die Tortillafladen nach Packungsanleitung erwärmen. Die Gemüsemischung nochmals würzig abschmecken und portionsweise auf den Tortilla-Fladen verteilen. Die Fladen aufrollen und anrichten. Den Dip dazu servieren.

Tipp: Fixieren Sie die aufgerollten Tortillas mit etwas gefaltetem Butterbrotpapier und garnieren Sie die Röllchen mit etwas Koriander.

FITMACHER-TIPP:

Die in Joghurt enthaltenen Milchsäurebakterien sollen die Verdauung fördern, allerdings nur dann, wenn er regelmäßig auf dem Speiseplan steht. Zu empfehlen ist naturbelassener Joghurt ohne Zusätze.

PASTA MIT ROSMARIN-SELLERIE-SAUCE

VEGAN

4 Portionen

Pro Portion:
E: 14 g, F: 11 g, Kh: 74 g,
kJ: 1934, kcal: 463, BE: 6,0

2 Zwiebeln (150 g)
2 Knoblauchzehen
1 Staudensellerie (etwa 600 g)
2–3 kleine Stängel frischer oder 1 TL getrockneter Rosmarin
60 g abgetropfte getrocknete Tomaten, in Öl
2 EL Tomatenöl (von den Tomaten)

3 ½ l Wasser
gem. Pfeffer
100 ml vegane Gemüsebrühe
3–4 EL Zitronensaft (von 1 großen Zitrone)
3 ½ gestr. TL Salz
350 g vegane Bandnudeln, z. B. Tagliatelle
1 Prise Voll-Rohrzucker

60–80 g veganer Käse-Ersatz

Zubereitungszeit:
20 Minuten
Garzeit:
etwa 15 Minuten

1 Zwiebeln und Knoblauch schälen, dann fein würfeln. Sellerie putzen. Sellerie abspülen, abtropfen lassen und in längliche Stücke schneiden. Nach Belieben Selleriegrün zum Garnieren beiseitelegen. Frischen Rosmarin abspülen und trocken tupfen. Von den Tomaten 2 Esslöffel Tomatenöl auffangen. Tomaten in Streifen schneiden.

2 Für die Nudeln Wasser in einem großen Topf zugedeckt zum Kochen bringen. Inzwischen das aufgefangene Tomatenöl in einer Pfanne erhitzen. Zwiebel- und Knoblauchwürfel darin andünsten. Rosmarin und Sellerie zugeben und kurz mit andünsten, mit Salz und Pfeffer würzen. Brühe und Zitronensaft hinzugießen und den Sellerie bei schwacher Hitze zugedeckt in 5–8 Minuten weich, aber mit Biss dünsten. Tomaten etwa 3 Minuten mitdünsten.

3 In der Zwischenzeit Salz und Bandnudeln ins Kochwasser geben. Die Nudeln im geöffneten Topf bei mittlerer Hitze nach Packungsanleitung bissfest kochen, dabei gelegentlich umrühren. Anschließend die Nudeln in ein Sieb geben, mit heißem Wasser abspülen und abtropfen lassen.

4 Die Nudeln zum Sellerie geben, alles bei starker Hitze durchschwenken und mit Salz, Pfeffer und Zucker würzen. Die Pasta auf Tellern anrichten, mit Käse-Ersatz bestreuen und nach Belieben mit Selleriegrün garnieren.

Tipp: Garnieren Sie die Pasta mit einigen abgespülten, trocken getupften Rosmarinstängeln.

FITMACHER-TIPP:

Staudensellerie ist aufgrund seines sehr geringen Kalorien- und Fettgehalts der ideale Zwischendurch-Snack für Figurbewusste.

HAUPTGERICHTE FÜR GÄSTE

Ob homemade Pilz-Ravioli als besonders feines Highlight oder ein rustikales und rein pflanzliches Gulasch: Begeistern Sie Ihre Gäste mit leichten, ausgewogenen Kreationen der vegetarischen und veganen Küche.

PFANNENGERÜHRTES GEMÜSE

VEGAN

4 Portionen

Pro Portion:
E: 5 g, F: 18 g, Kh: 11 g,
kJ: 934, kcal: 223, BE: 0,5

200 g Hokkaido-Kürbis
225 g Aubergine
175 g Frühlingszwiebeln
175 g Pak Choi (chinesischer Senfkohl)
4 Knoblauchzehen
5 EL Sonnenblumenöl
40 g Cashewkerne, geröstet und gesalzen
6 Stängel Koriander
4 Minzeblätter
4 große Basilikumblätter
150 ml Gemüsebrühe
5 EL vegane Sojasauce

Zubereitungszeit:
35 Minuten

1 Kürbis abspülen, abtrocknen und halbieren. Kerne und faserigen Innenteil entfernen. Kürbis evtl. schälen und in etwa 3 mm breite Scheiben schneiden. Die Aubergine abspülen, abtrocknen und den Stängelansatz abschneiden. Aubergine längs halbieren und in etwa 2 cm breite Streifen schneiden.

2 Frühlingszwiebeln putzen, abspülen, abtropfen lassen, längs halbieren und in etwa 6 cm lange Stücke schneiden. Pak Choi putzen und in einzelne Blätter teilen. Die Blätter abspülen und abtropfen lassen.

3 Knoblauch abziehen und in sehr dünne Scheiben schneiden. 2 Esslöffel vom Sonnenblumenöl in einer kleinen Pfanne erhitzen. Die Knoblauchscheiben darin goldgelb rösten und beiseitestellen. Die Cashewkerne grob hacken. Kräuter abspülen und trocken tupfen. Die Korianderblätter von den Stängeln zupfen. Die Minze- und Basilikumblätter grob zerschneiden.

4 Restliches Sonnenblumenöl in einem Wok oder in einer großen Pfanne erhitzen. Die Kürbisscheiben, Auberginenstreifen und Frühlingszwiebelstücke darin evtl. in 2 Portionen bei starker Hitze unter Rühren kräftig anbraten.

5 Etwa ein Drittel der Brühe hinzugießen und diese ganz einkochen lassen. Diesen Vorgang noch 2-mal wiederholen, bis das Gemüse knackig-bissfest gegart ist. Dabei gelegentlich umrühren und die Sojasauce dazugeben.

6 Zum Schluss die Pak-Choi-Blätter unterheben und kurz zusammenfallen lassen. Beiseitegestelltes Öl mit den Knoblauchscheiben unterrühren. Das Gemüse mit Cashewkernen und Kräutern bestreut servieren.

Tipp: Servieren Sie dazu Reis.

FITMACHER-TIPP:

Im Herbst hat der Kürbis Saison. Man unterscheidet Zier- und Speisekürbisse. Zu den Speisekürbissen zählen u. a. der Hokkaido-, Spaghetti- und Moschuskürbis. Der Hokkaido-Kürbis ist breitrund, meist orangerot und wiegt 1–2 kg. Seine Schale wird beim Kochen weich und kann mitverzehrt werden. Das Fruchtfleisch hat ein nussiges Aroma. Alle Kürbissorten sind reich an Beta-Carotin, enthalten Folsäure sowie Kalium.

ZWIEBELTARTE MIT FEIGEN

ETWAS BESONDERES

8 Stücke

Pro Stück:
E: 10 g, F: 18 g, Kh: 41 g,
kJ: 1530, kcal: 366, BE: 3,0

Für den Belag:
600 g rote Zwiebeln
3 Stängel Rosmarin
8 Stängel Thymian
2 EL Olivenöl
500 ml roter Traubensaft
Salz
gem. Pfeffer

Für den Quark-Öl-Teig:
150 g Dinkelmehl (Type 630)
1 gestr. TL Dr. Oetker Backin
½ TL Salz
80 g Magerquark
50 ml Milch (3,5 % Fett)
50 ml Speiseöl,
z. B. Sonnenblumenöl

1 EL Semmelbrösel

8 reife Feigen (etwa 500 g)
150 g Schafskäse
2 EL Weizenmehl
50 g grob gehackte Walnusskerne

Zubereitungszeit:
1 Stunde, ohne Abkühlzeit
Garzeit:
etwa 20 Minuten
Backzeit:
etwa 30 Minuten

1 Für den Belag Zwiebeln abziehen und in Spalten schneiden. Rosmarin und Thymian abspülen, trocken tupfen. Die Blättchen bzw. Nadeln von den Stängeln zupfen. Einige Thymianblättchen und Rosmarinnadeln zum Garnieren beiseitelegen.

2 Olivenöl in einem breiten Topf erhitzen. Zwiebeln, Thymian und Rosmarin darin kurz andünsten. Die Hälfte des Saftes hinzugießen, zum Kochen bringen. Die Zwiebelspalten zugedeckt etwa 20 Minuten bei mittlerer Hitze garen, mit Salz und Pfeffer würzen. Dann in einem Sieb abtropfen lassen, dabei den Sud auffangen. Die Zwiebelspalten etwas abkühlen lassen.

3 Mehl mit Backpulver und ½ Teelöffel Salz mischen. Quark, Milch und Speiseöl hinzufügen. Die Zutaten mit einem Mixer (Knethaken) kurz auf niedrigster, dann auf höchster Stufe zu einem glatten Teig verarbeiten (nicht zu lange, der Teig klebt sonst).

4 Den Backofen vorheizen.
Ober-/Unterhitze: etwa 200 °C, Heißluft: etwa 180 °C.

5 Den Teig auf einer leicht bemehlten Arbeitsfläche zu einer runden Platte (Ø etwa 32 cm) ausrollen und in eine Tarteform (Ø 28 cm, gefettet, mit Semmelbröseln ausgestreut) legen. Den Rand dabei andrücken. Den Teigboden mehrmals mit einer Gabel einstechen.

6 Die Feigen abspülen, abtrocknen und evtl. die Haut abziehen. Feigen entstielen und halbieren. Schafskäse trocken tupfen. Das Mehl unter die lauwarmen Zwiebelspalten heben. Zwiebelspalten auf dem Teig verteilen. Die Feigen mit der Schnittfläche nach oben darauflegen. Walnusskerne in die Zwischenräume geben. Schafskäse grob zerbröseln und auf den Zwiebelspalten und Feigen verteilen. Die Form auf dem Rost in den vorgeheizten Backofen (untere Schiene) schieben. Die Zwiebeltarte **etwa 30 Minuten backen.**

7 Inzwischen restlichen Saft und aufgefangenen Zwiebelsud zum Kochen bringen. So lange einkochen lassen, bis ein dickflüssiger Sirup entstanden ist (etwa 3 Esslöffel).

8 Die Form auf einen Rost stellen. Die Tarte in Stücke schneiden, mit den Kräutern garnieren und mit dem Sirup beträufeln.

FITMACHER-TIPP:

Zwiebeln liefern B-Vitamine, Vitamin C und Kalium. Sie haben kaum Kalorien, sehr wenig Fett und enthalten kein Cholesterin.

ORIENTALISCHE SALATPLATTE MIT KNOBLAUCH-JOGHURT-DIP

LAKTOSEFREI

4 Portionen

Pro Portion:
E: 18 g, F: 16 g, Kh: 67 g,
kJ: 2071, kcal: 495, BE: 5,5

1 kg kleine, junge Rote-Bete-Knollen
1 Lorbeerblatt
Salz
450 ml Gemüsebrühe
150 g Bulgur (grobe Weizengrütze)

Für das Dressing:
3 EL Zitronensaft
1 TL flüssiger Honig
gem. Pfeffer
2 EL Nussöl, z. B. Walnussöl
1 Frühlingszwiebel
240 g abgetropfte Kichererbsen (aus der Dose)
2 EL grob gehackte Walnusskerne
¼ Granatapfel
1 EL Sesamsamen, geschält

Für den Dip:
1 Knoblauchzehe
1 Bund Schnittlauch
3–4 Stängel Minze
500 g laktosefreier Joghurt (1,5 % Fett)
einige Tropfen flüssiger Honig

Zubereitungszeit:
25 Minuten, ohne Durchzieh- und Abkühlzeit
Garzeit:
30–40 Minuten

1 Rote-Bete-Knollen grob putzen, mit Lorbeer und 1 Esslöffel Salz in einen Topf geben. Rote-Bete mit Wasser bedeckt zugedeckt zum Kochen bringen. Die Knollen je nach Dicke 30–40 Minuten garen.

2 In der Zwischenzeit Gemüsebrühe zum Kochen bringen. Bulgur unter Rühren einstreuen, bei schwacher Hitze 8–10 Minuten ausquellen lassen. Bulgur in ein Sieb gießen, abtropfen und erkalten lassen.

3 Für das Dressing Zitronensaft mit Honig, Salz und Pfeffer verrühren. Öl langsam unterschlagen. Frühlingszwiebel putzen, abspülen, abtropfen lassen, in Scheiben schneiden. Rote Bete abgießen, etwas abkühlen lassen, noch warm schälen (Sie färbt stark!). Die Knollen in Spalten oder Scheiben schneiden, mit dem Dressing und den Frühlingszwiebeln mischen. Kichererbsen in ein Sieb geben, mit kaltem Wasser abspülen und abtropfen lassen. Dann unter die Rote Bete mischen und mindestens 30 Minuten ziehen lassen.

4 Inzwischen Walnüsse in einer Pfanne ohne Fett unter Wenden rösten, bis sie anfangen zu duften. Walnüsse auf einem Teller abkühlen lassen. Die Kerne mithilfe einer Gabel aus dem Granatapfel herauslösen (Vorsicht: Es spritzt!). Die Zutaten auf einer Platte anrichten, mit Sesam und Nüssen bestreuen.

5 Für den Dip Knoblauch abziehen. Kräuter abspülen und trocken tupfen. Minzeblättchen abzupfen. Minze fein und Schnittlauch in Röllchen schneiden. Joghurt mit Honig, etwas Salz und Pfeffer verrühren. Den Knoblauch durch eine Knoblauchpresse dazu pressen. Die Kräuter unterrühren und den Dip nochmals mit Salz und Pfeffer abschmecken. Die Salatplatte mit dem Dip anrichten.

Tipp: Dazu passt Fladenbrot, z. B. Chubz, Chapatis oder Tortillas.

FITMACHER-TIPP:

Kichererbsen sollten aufgrund ihres hohen Eiweiß- und Eisenanteils bei Vegetariern und Veganern öfter auf dem Speiseplan stehen. Zudem enthalten sie recht viel Kalzium und Magnesium.

SPINATSALAT MIT GRANATAPFELKERNEN

VEGAN

4 Portionen

Pro Portion:
E: 3 g, F: 19 g, Kh: 13 g,
kJ: 1005, kcal: 240, BE: 1,0

1 reifer, kleiner Granatapfel
30 g Pinienkerne
2 Knoblauchzehen
60 g Schalotten
3 Stängel Thymian
100 g junger Blattspinat
5 EL Balsamico-Essig
6 EL Olivenöl
etwas Salz
gem. Pfeffer
etwas Zucker

Zubereitungszeit:
20 Minuten, ohne Abkühlzeit

1 Den Granatapfel halbieren und die Kerne vorsichtig herauslösen. Die weißen Trennwände entfernen. Die Pinienkerne in einer Pfanne ohne Fett unter Wenden goldbraun rösten, herausnehmen und auf einem Teller erkalten lassen.

2 Knoblauch und Schalotten abziehen und in kleine Würfel schneiden. Thymian abspülen und trocken tupfen. Die Blättchen von den Stängeln zupfen. Blättchen grob zerschneiden.

3 Den Spinat verlesen und die dicken Stiele entfernen. Spinat gründlich waschen, gut abtropfen lassen und in breite Streifen schneiden.

4 Essig mit Knoblauch-, Schalottenwürfeln und Thymian in einer Schüssel verrühren. Das Olivenöl langsam unterschlagen, mit Salz, Pfeffer und Zucker würzen.

5 Spinat, Pinienkerne und Granatapfelkerne zur Marinade geben und vorsichtig unterheben.

6 Den Spinatsalat nochmals mit den Gewürzen abschmecken und auf Tellern anrichten.

Tipps: Verwenden Sie statt des Balsamico-Essigs Apfelessig und statt der Pinienkerne gehackte Mandeln. Geben Sie zusätzlich 125 g abgespülte, trocken getupfte, halbierte Cocktailtomaten mit in den Salat. Für eine vollständige Mahlzeit servieren Sie dazu frisches Roggenbrot.

FITMACHER-TIPP:

Spinat ist sehr kalorienarm – nur etwa 15 kcal pro 100 g – da er zu über 90 Prozent aus Wasser besteht. Dabei gehört Spinat zu den mineralstoffreichsten Gemüsearten und enthält neben wichtigen Vitaminen wie Folsäure, Vitamin C und B auch noch Kalium, Kalzium und Eisen. Junger Spinat kann sehr gut roh als Salat zubereitet werden.

RUCOLASUPPE MIT MÖHRENNOCKEN

LÖFFELGLÜCK IN ROT-GRÜN

4 Portionen

Pro Portion:
E: 7 g, F: 16 g, Kh: 20 g,
kJ: 1061, kcal: 254, BE: 1,5

Für die Möhrennocken:
300 g Möhren
1 EL Butter
1 TL Zucker
Salz
1–2 EL Wasser
1 Eigelb (Größe M)
1 EL Magerquark
1 EL gehackte Petersilie
2–3 EL Vollkorn-Semmelbrösel

1 l Gemüsebrühe

Für die Rucolasuppe:
125–150 g Rucola (Rauke)
40 g Butter
1 Zwiebel
25 g Weizenmehl
250 ml Milch (1,5 % Fett)

Zubereitungszeit:
40 Minuten, ohne Abkühlzeit
Garzeit:
etwa 20 Minuten

1 Für die Nocken Möhren putzen, schälen, abspülen, abtropfen lassen und in Scheiben schneiden. Möhren mit Butter, Zucker, Salz und Wasser in einem Topf zum Kochen bringen. Die Möhrenscheiben zugedeckt in etwa 10 Minuten weich garen. Dann durch ein Sieb streichen oder pürieren. Die Möhrenmasse etwas abkühlen lassen.

2 Die Möhrenmasse mit Eigelb, Quark und Petersilie mischen. Von den Semmelbröseln so viel untermischen, dass sich gut Nocken abstechen lassen. Die Masse mit Salz abschmecken.

3 Die Gemüsebrühe in einem Topf kurz aufkochen. Von der Möhrenmasse mit 2 Teelöffeln Nocken abstechen und diese evtl. portionsweise in die heiße, nicht mehr kochende Brühe geben. Die Klößchen in etwa 5 Minuten gar ziehen lassen. Die Möhrenklößchen mit einer Schaumkelle aus der Brühe nehmen und beiseitestellen. Die Brühe durch ein Sieb gießen. Dabei die Brühe auffangen, 500 ml davon abmessen und für die Suppe beiseitestellen.

4 Für die Suppe Rucola verlesen, evtl. dicke Stängel abschneiden, abspülen, abtropfen lassen und einige Blätter zum Garnieren beiseitelegen. Restlichen Rucola evtl. etwas kleiner zupfen oder schneiden. Butter in einem Topf zerlassen. Zwiebel abziehen, fein hacken und in der Butter andünsten. Mehl daraufstäuben, unter Rühren so lange darin erhitzen, bis es hellgelb ist. Milch hinzugießen, mit einem Schneebesen gut durchrühren, dabei darauf achten, dass keine Klümpchen entstehen.

5 Die, abgemessene Brühe unterrühren und zum Kochen bringen. Die Suppe etwa 5 Minuten köcheln lassen, dabei gelegentlich umrühren. Die Suppe mit Salz und Pfeffer abschmecken. Rucola in die Suppe geben und pürieren. Die Möhrennocken hinzugeben und vorsichtig kurz darin erwärmen. Die Suppe mit dem beiseitegelegten Rucola garniert servieren.

FITMACHER-TIPP:

Rucola hat einen angenehm scharfen bis bitteren, pfefferartigen, leicht nussigen und senfähnlichen Geschmack. In ein feuchtes Küchenpapier eingeschlagen oder in einer aufgeblasenen, verschlossenen Frischhaltetüte hält sich Rucola im Kühlschrank etwa 2 Tage.

SPARGEL
MIT FRUCHTIGEM LINSENGEMÜSE
FRÜHLINGSGENUSS

4 Portionen

Pro Portion:
E: 28 g, F: 17 g, Kh: 54 g, kJ: 2025, kcal: 484, BE: 3,5

2 kg weißer Spargel
1 Bund Frühlingszwiebeln
2 reife Mangos (etwa 850 g)
4 Eier (Größe M)
350 ml ungesalzene Gemüsebrühe
160 g rote Linsen
30 g Butter
400 ml Wasser
Salz
12 Stängel Kerbel
2 EL braune Senfkörner
abgeriebene Schale von 1 Bio-Zitrone (unbehandelt, ungewachst)
3 EL Olivenöl
gem. Pfeffer
Cayennepfeffer

Zubereitungszeit:
1 Stunde und 15 Minuten, ohne Abkühlzeit

1 Den Spargel von oben nach unten schälen. Dabei darauf achten, dass die Schalen vollständig entfernt, die Köpfe aber nicht verletzt werden. Spargel abspülen und abtropfen lassen. Frühlingszwiebeln putzen, abspülen, abtropfen lassen und schräg in sehr dünne Scheiben schneiden. Das Mangofruchtfleisch vom Stein schneiden und schälen. Fruchtfleisch in sehr kleine Würfel schneiden.

2 Eier in kochendem Wasser etwa 8 Minuten wachsweich kochen, herausnehmen und in kaltem Wasser kurz abschrecken.

3 Die Brühe in einem Topf zum Kochen bringen. Die Linsen hinzugeben, wieder zum Kochen bringen und zugedeckt etwa 8 Minuten bei schwacher Hitze garen.

4 In der Zwischenzeit Butter und Wasser in einem breiten, flachen Topf zum Kochen bringen, mit Salz würzen. Spargelstangen hineinlegen, wieder zum Kochen bringen und zugedeckt etwa 8 Minuten bei mittlerer Hitze dünsten.

5 Kerbel abspülen und trocken tupfen. Die Blättchen von den Stängeln zupfen. Senfkörner in einer Pfanne ohne Fett kurz bei mittlerer Hitze anrösten, bis sie duften, herausnehmen und auf einem Teller abkühlen lassen.

6 Mango, Zitronenschale, Frühlingszwiebeln und das Öl unter die Linsen mischen, nochmals erhitzen. Dann mit Salz, Pfeffer und Cayennepfeffer würzen. Die Hälfte des Kerbels unterheben.

7 Eier pellen und längs halbieren. Spargel mit einer Schaumkelle aus dem Sud nehmen und gut abtropfen lassen. Spargel mit den Linsen und Eiern auf einer Platte anrichten, mit Senfkörnern und Kerbelblättchen bestreuen.

Tipp: Anstelle der braunen Senfkörner können Sie auch gelbe Senfkörner rösten oder 1–2 Teelöffel körnigen Dijon-Senf unter das Linsengemüse rühren.

FITMACHER-TIPP:

Eier liefern für Ihre gesunde Ernährung wertvolles Eiweiß, zudem die Vitamine A, E, K, B_6, dazu Eisen sowie die Mineralstoffe Kalzium und Magnesium.

LINSEN-APFEL-SALAT

VEGAN

4 Portionen

Pro Portion:
E: 11 g, F: 11 g, Kh: 35 g,
kJ: 1199, kcal: 286, BE: 2,5

50 g Belugalinsen
50 g rote Linsen
50 g gelbe Linsen
600 ml ungesalzene Gemüsebrühe
1–2 Möhren (etwa 100 g)
etwa 100 g Knollensellerie
1 Zwiebel (etwa 100 g)
2 EL Traubenkern- oder Olivenöl
Salz
gem. Pfeffer
2 süßsaure Äpfel, z. B. Cox Orange
1 kleines Bund glatte Petersilie

Für die Marinade:
4 EL weißer Balsamico-Essig
abgeriebene Schale und Saft von
1 Bio-Zitrone (unbehandelt, ungewachst)
1 Prise Voll-Rohrzucker oder
1 EL Agavendicksaft
4 EL Apfelsaft
2 EL Traubenkern- oder Olivenöl

Zubereitungszeit:
20 Minuten, ohne Abkühl- und Durchziehzeit

1 Alle Linsen mit der Gemüsebrühe in einem Topf nach Packungsanleitung gar kochen. Die gegarten Linsen in einem Sieb abtropfen und erkalten lassen.

2 Möhren und Sellerie putzen, schälen, abspülen, abtropfen lassen und jeweils in kleine Würfel schneiden. Zwiebel abziehen und ebenfalls klein würfeln.

3 Traubenkern- oder Olivenöl in einer Pfanne erhitzen. Die Zwiebelwürfel darin andünsten. Möhren- und Selleriewürfel hinzugeben und 3–4 Minuten mitdünsten lassen, mit Salz und Pfeffer würzen. Gemüsewürfel erkalten lassen.

4 Äpfel schälen, vierteln, entkernen und in erbsengroße Würfel schneiden. Petersilie abspülen und trocken tupfen. Die Blättchen von den Stängeln zupfen und klein schneiden.

5 Apfelwürfel und Petersilie in eine Schüssel geben. Die Linsen und Gemüsewürfel untermischen.

6 Für die Marinade Essig mit Zitronenschale, -saft, Salz, Pfeffer, Rohrzucker oder Agavendicksaft und Apfelsaft verrühren. Traubenkern- oder Olivenöl unterschlagen.

7 Die Marinade über den Linsensalat geben und vorsichtig unterheben. Den Salat etwa 30 Minuten durchziehen lassen und vor dem Servieren nochmals mit den Gewürzen abschmecken.

FITMACHER-TIPP:

Äpfel stecken voller Vitamin C, sind kalorien- und fettarm und durch ihre Ballaststoffe dabei angenehm sättigend.

BUNTE PAPRIKASPIEßE MIT COUSCOUS

VEGAN

4 Portionen

Pro Portion:
E: 7 g, F: 11 g, Kh: 36 g,
kJ: 1131, kcal: 270, BE: 2,5

Für die Paprikaspieße:
4 Paprikaschoten
(rot, gelb und grün gemischt)
2 rote Zwiebeln

Für das Couscousgemüse:
120 g Instant-Couscous
Wasser
2 Tomaten
4 Frühlingszwiebeln
4 Stängel Minze
1 Bio-Limette (unbehandelt, ungewachst)
Salz
gem. Pfeffer
5 EL Olivenöl

4 Stängel Koriander

Außerdem:
8 Holzspieße

Zubereitungszeit:
25 Minuten
Garzeit:
etwa 15 Minuten

1 Für die Spieße die Paprikaschoten halbieren, entstielen, entkernen und die weißen Scheidewände entfernen. Die Schotenhälften abspülen, abtropfen lassen und in gleich große Stücke schneiden. Zwiebeln abziehen, vierteln und etwa in Größe der Paprikastücke schneiden. Die Paprika- und Zwiebelstücke abwechselnd auf 8 Holzspieße stecken.

2 Den Backofen vorheizen.
Ober-/Unterhitze: etwa 180 °C, Heißluft: etwa 160 °C.

3 Für das Couscousgemüse Couscous mit Wasser nach Packungsanleitung zubereiten. Tomaten abspülen, abtrocknen, halbieren und fein würfeln. Frühlingszwiebeln putzen, abspülen, abtropfen lassen und in feine Scheiben schneiden. Minze abspülen und trocken tupfen. Die Blättchen von den Stängeln zupfen. Blättchen in feine Streifen schneiden.

4 Die Limette heiß abwaschen, abtrocknen und die Schale fein abreiben. Limette halbieren und den Saft auspressen.

5 Das vorbereitete Gemüse mit dem Couscous vermischen. Couscous mit Limettensaft, -schale, Salz und Pfeffer würzen. 3 Esslöffel Olivenöl und die Minzestreifen unterheben.

6 Das restliche Olivenöl in einer backofenfesten Pfanne erhitzen. Die Paprikaspieße darin von allen Seiten anbraten, mit Salz und Pfeffer würzen. Die Pfanne auf dem Rost in den vorgeheizten Backofen schieben. Die Spieße **etwa 15 Minuten garen.**

7 Koriander abspülen und trocken tupfen. Die Blättchen von den Stängeln zupfen. Die Paprikaspieße mit dem Couscous anrichten und mit Korianderblättchen garnieren.

FITMACHER-TIPP:

Instant-Couscous hat den Vorteil, dass er nur noch in heißem Salzwasser oder in Gemüsebrühe ausquellen muss. Couscous gibt es aus Weizengrieß, er wird aber auch aus Hirse- und Gerstengrieß hergestellt.

HOMEMADE PILZ-RAVIOLI

MIT FEINEM KRÄUTERSCHAUM

4 Portionen

Pro Portion:
E: 20 g, F: 12 g, Kh: 72 g,
kJ: 1975, kcal: 472, BE: 6,0

Für den Nudelteig:
50 g Hartweizengrieß
275 g Weizenmehl (Type 550)
2 Eier (Größe M)
etwa 60–75 ml kaltes Wasser
1 gestr. TL Salz
1 TL Olivenöl

Für die Füllung:
300 g rosé Champignons oder andere aromatische Pilze, z. B. Steinpilze, Kräuterseitlinge, Pfifferlinge
1 TL Olivenöl
100 g gewürfelte Zwiebeln
Salz, gem. schwarzer Pfeffer
100 ml heißes Wasser
1 TL Steinpilz-Hefebrühe (Instant-Paste, erhältlich im Reformhaus)
2 TL milder Balsamico-Essig
½ großes Bund glatte Petersilie
150 g Ricotta (ital. Frischkäse)

Für den Kräuterschaum:
1 gekochte große Kartoffel (etwa 110 g)
½ großes Bund glatte Petersilie
einige Blätter Basilikum
200 ml Gemüsebrühe
25 g Kochsahne (10 % Fett)
ger. Muskatnuss

Zubereitungszeit:
40 Minuten, ohne Ruhezeit
Garzeit:
etwa 20 Minuten

1 Grieß mit Mehl vermischen, in die Mitte eine Vertiefung eindrücken. Eier mit Wasser, Salz und Öl verschlagen, in die Mulde gießen. Alles mit einem Mixer (Knethaken) in 5–10 Minuten zu einem Teig verkneten und zu einer Kugel formen, in leicht geölte Frischhaltefolie wickeln und mindestens 1 Stunde ruhen lassen.

2 Inzwischen Pilze putzen und fein würfeln. Öl in einer Pfanne erhitzen. Zwiebelwürfel darin glasig dünsten. Pilze bei mittlerer bis starker Hitze unter Rühren mit anbraten, mit Salz und Pfeffer würzen. Wasser hinzugießen und die Hefebrühe einrühren. Die Pilze offen schmoren, bis die gesamte Flüssigkeit verdampft ist. Mit Salz, Pfeffer und Essig abschmecken, etwas abkühlen lassen. Petersilie abspülen, trocken tupfen. Die Blättchen von den Stängeln zupfen und fein hacken. Erst Ricotta, dann Petersilie unter die Pilze rühren.

3 Den Teig in 4 Portionen teilen. 2 Portionen auf einer gut bemehlten Arbeitsfläche zu länglichen, sehr dünnen Streifen ausrollen (am besten mit einer Nudelmaschine). Je ½ Teelöffel Pilze mit je etwa 5 cm Abstand auf einem Teigstreifen verteilen. Die Teigzwischenräume dünn mit Wasser bestreichen. Restliche Teigportionen ebenso ausrollen und passgenau auf die belegten Teigstreifen legen. Oberen Teig so andrücken, dass noch enthaltene Luft entweichen kann. Dann Ravioli ausrädern.

4 3 Liter Wasser in einem Topf zum Kochen bringen. 2 Teelöffel Salz zugeben. Ravioli darin in 3–4 Portionen etwa 1 Minute garen, mit einer Schaumkelle herausnehmen und abtropfen lassen.

5 Kartoffel in Würfel schneiden. Kräuter abspülen, trocken tupfen und die Petersilienblättchen von den Stängeln zupfen. Einige Blättchen beiseitelegen. Brühe erwärmen, dann mit den Kräutern in einem Rührbecher fein pürieren. Kartoffel nach und nach untermixen, bis eine sämige Sauce entstanden ist. Dann die Sahne untermixen, mit Salz, Pfeffer und Muskat abschmecken. Ravioli, Kräuterschaum und beiseitegelegte Kräuter auf Tellern anrichten.

Tipps: Schneller geht es, wenn Sie fertigen Pastateig (aus dem Kühlregal) verwenden.

FITMACHER-TIPP:

Petersilie enthält beachtliche Mengen der Vitamine B_1, B_2, C und E sowie der Spurenelemente Eisen, Zink und Fluor.

SÜßKARTOFFEL-PAPRIKA-„LASAGNE“

SERVIERT MIT MOJO VERDE

4 Portionen

Pro Portion:
E: 21 g, F: 15 g, Kh: 76 g,
kJ: 2258, kcal: 539, BE: 6,0

Für die Lasagne:
700 g rote Paprikaschoten
2 Zwiebeln
2 Knoblauchzehen
2 EL Olivenöl
½ Bund Majoran
Salz
gem. schwarzer Pfeffer
1,1 kg Süßkartoffeln (Bataten)
4 Eier (Größe M)
200 ml Milch (1,5 % Fett)
400 g Joghurt (0,1 % Fett)
1 TL gekörnte Gemüsebrühe
1 ½ EL Sonnenblumenkerne

Für die Mojo verde (grüne Kräutersauce):
1 Bund gemischte Sommerkräuter, z. B. Basilikum, Dill, glatte Petersilie, Schnittlauch
1 Knoblauchzehe
3 EL gekörnte Gemüsebrühe
200 g Joghurt (0,1 % Fett)

Außerdem:
1 Auflaufform (etwa 20 x 30 cm)

Zubereitungszeit:
20 Minuten
Garzeit:
65–70 Minuten

1 Paprikaschoten halbieren, entstielen, entkernen, die weißen Scheidewände entfernen. Schoten abspülen, abtropfen lassen, in 2 cm große Stücke schneiden. Zwiebeln und Knoblauch abziehen, fein würfeln.

2 Öl in einer Pfanne erhitzen. Zwiebeln und Knoblauch darin anbraten. Paprika zugeben, anbraten, dann zugedeckt etwa 1 Minute dünsten. Majoran abspülen, trocken tupfen. Die Blättchen von den Stängeln zupfen und fein hacken. Paprika mit Salz, Pfeffer und Majoran würzen.

3 Kartoffeln schälen und längs in feine Scheiben schneiden oder hobeln. Die Auflaufform (ganz leicht gefettet) mit etwa der Hälfte der Kartoffeln auslegen. Paprikastücke darauf verteilen. Restliche Kartoffelscheiben dachziegelartig einschichten und leicht andrücken.

4 Den Backofen vorheizen.
Ober-/Unterhitze: etwa 180 °C, Heißluft: etwa 160 °C.

5 Eier mit Milch, Joghurt, Salz, Pfeffer und Brühe glatt rühren, dann über die Lasagne gießen und mit Sonnenblumenkernen bestreuen. Die Form mit Alufolie abdecken und auf dem Rost in den vorgeheizten Backofen schieben. Die Lasagne **etwa 45 Minuten garen.**

6 Für die Mojo Kräuter abspülen, trocken tupfen und die Blättchen bzw. Spitzen von den Stängeln zupfen. Schnittlauch etwas kleiner schneiden. Knoblauch abziehen, grob würfeln. Kräuter, Knoblauch und Brühe mit dem Pürierstab fein pürieren. Den Joghurt unterrühren. Die Mojo mit Salz und Pfeffer abschmecken.

7 Nach 45 Minuten Garzeit die Alufolie von der Form entfernen. Die Lasagne offen **in weiteren 20–25 Minuten fertig garen.**

8 Die Lasagne etwa 10 Minuten ruhen lassen und erst dann in Stücke schneiden. Lasagne mit der Mojo anrichten und servieren.

FITMACHER-TIPP:

Süßkartoffeln haben einen hohen Gehalt an sekundären Pflanzenstoffen wie zum Beispiel Carotinoide. Hinzu kommen Zink und Eisen. Süßkartoffeln lassen sich wie Kartoffeln kochen, backen oder braten, machen wunderbar satt und schmecken angenehm süßlich.

GRÜNKERNBRATLING
AUF KARAMELLISIERTEN WURZELN

ORIGINELL

Für 4 Portionen

Pro Portion:
E: 14 g, F: 12 g, Kh: 74 g,
kJ: 1960, kcal: 467, BE: 6,0

250 ml Gemüsebrühe
75 g Grünkernschrot
4 Frühlingszwiebeln
½ Bund Kerbel
2 Bund Möhren (je etwa 500 g)
6 Pastinaken (je etwa 200 g)
75 g zarte Haferflocken
2 Eier (Größe M)
2 EL Weizenmehl
Salz
gem. Pfeffer
1 ½ EL Olivenöl
1 TL Butter
½ Bund Petersilie

Zubereitungszeit:
30 Minuten, ohne Quellzeit

1 Die Gemüsebrühe in einem Topf zum Kochen bringen. Grünkernschrot hinzugeben und bei schwacher Hitze etwa 20 Minuten ausquellen lassen.

2 Die Frühlingszwiebeln putzen, abspülen, abtropfen lassen und in feine Scheiben schneiden. Kerbel abspülen und trocken tupfen. Die Blättchen von den Stängeln zupfen. Blättchen klein schneiden. Möhren und Pastinaken putzen, schälen, abspülen, abtropfen lassen und längs vierteln.

3 Den gequollenen Grünkernschrot in eine Schüssel geben. Frühlingszwiebelscheiben, Kerbel, Haferflocken, Eier und Mehl hinzugeben. Die Zutaten gut vermengen, mit Salz und Pfeffer würzen. Aus der Grünkernmasse 8 gleich große Bratlinge formen.

4 Einen Esslöffel des Olivenöls in einer Pfanne erhitzen. Die Bratlinge darin vorsichtig bei schwacher Hitze von jeder Seite etwa 4 Minuten braten.

5 Das restliche Olivenöl mit der Butter in einem Topf erhitzen. Die Möhren- und Pastinaken darin unter mehrmaligem Rühren anbraten, bis das Gemüse anfängt zu karamellisieren, mit Salz würzen.

6 Petersilie abspülen und trocken tupfen. Die Blättchen von den Stängeln zupfen. Blättchen klein schneiden. Das Gemüse mit der Petersilie bestreuen und mit den Grünkernbratlingen anrichten.

Tipp: Servieren Sie dazu glatt gerührten fettarmen Joghurt.

FITMACHER-TIPP:

Pastinaken gehören wie die Petersilienwurzeln zu den sogenannten vergessenen Gemüsesorten. Die gelbbräunlichen Wurzelrüben zählen zu den typischen Wintergemüsesorten. Sie haben einen hohen Anteil an ätherischen Ölen, die den intensiv würzigen Geschmack prägen. Wie Möhren können sie roh oder gekocht verarbeitet werden.

WEIZENSUPPE MIT GETROCKNETEN STEINPILZEN UND TOMATEN

EINFACH

4 Portionen

Pro Portion:
E: 14 g, F: 12 g, Kh: 43 g,
kJ: 1430, kcal: 342, BE: 3,0

Zum Vorbereiten:
250 g Weizenkörner
20 g getrocknete Steinpilze

2 Zwiebeln (etwa 100 g)
3 EL Olivenöl
1 Msp. getrocknete Chiliflocken
½ TL gerebelter Thymian
1 l Gemüsebrühe
2 Stangen Porree
(Lauch, etwa 350 g)
250 g Strauchtomaten
3 Stängel Basilikum
Salz
gem. Pfeffer
30 g Parmesan, am Stück

Zubereitungszeit:
35 Minuten
Einweichzeit:
mindestens 12 Stunden
Garzeit:
etwa 70 Minuten

1 Zum Vorbereiten die Weizenkörner in eine flache Schale geben, etwa 3 cm hoch mit Wasser übergießen und mindestens 12 Stunden – am besten über Nacht – einweichen.

2 Die Steinpilze kurz mit kaltem Wasser abspülen und abtropfen lassen. Den eingeweichten Weizen in einem Sieb abtropfen lassen.

3 Zwiebeln abziehen und grob würfeln. Olivenöl in einem Topf erhitzen. Zwiebelwürfel, Chiliflocken und Thymian darin andünsten. Weizen hinzugeben und kurz mitdünsten lassen.

4 Die Steinpilze und Gemüsebrühe hinzugeben und zum Kochen bringen. Die Weizensuppe zugedeckt etwa 1 Stunde bei schwacher Hitze kochen lassen.

5 In der Zwischenzeit den Porree putzen, die Stangen längs halbieren, gründlich waschen, abtropfen lassen und quer in etwa 1 cm breite Stücke schneiden. Die Tomaten abspülen, abtrocknen, halbieren und die Stängelansätze herausschneiden. Tomatenhälften entkernen. Die Kerne durch ein Sieb streichen und den Saft dabei auffangen. Tomatenhälften in Spalten schneiden.

6 Porreestücke in die Suppe geben und etwa 5 Minuten mitgaren. Basilikum abspülen und trocken tupfen. Die Blättchen von den Stängeln zupfen. Blättchen in Streifen schneiden.

7 Tomatenspalten mit dem aufgefangenen Tomatensaft in die Suppe geben und weitere etwa 5 Minuten bei schwacher Hitze kochen. Die Suppe mit Salz und Pfeffer abschmecken.

8 Den Parmesan hobeln oder raspeln. Käse und Basilikumstreifen kurz vor dem Servieren auf die Suppe streuen.

FITMACHER-TIPP:

Ihre hohen Stärke- und Eiweißanteile machen Weizen und Getreidesorten wie Roggen, Dinkel, Gerste, Hafer und Grünkern sehr nahrhaft. Für unsere Ernährung sind außerdem die Ballaststoffe bedeutend.

KRÄUTERMAULTASCHEN AUF GEMÜSE

100 % HOMEMADE

4 Portionen

Pro Portion:
E: 23 g, F: 15 g, Kh: 85 g,
kJ: 2380, kcal: 568, BE: 7,0

Für den Teig:
300 g Weizenmehl
3 Eier (Größe M)
1 EL Speiseöl, z. B. Sonnenblumenöl
½ TL Salz
evtl. etwas Wasser

Für die Füllung:
2 Bund Petersilie
1 Bund Schnittlauch
1 Ei (Größe M)
50 g Semmelbrösel
Salz
ger. Muskatnuss

Zum Bestreichen:
1 Eiweiß

Für das Gemüse:
500 g Wirsing
400 g Möhren
300 g weiße Rüben
400 g Steckrüben
2 EL Olivenöl
500 ml Gemüsebrühe
gem. Pfeffer

etwa 2 l Gemüsebrühe
2–3 EL Schnittlauchröllchen

Zubereitungszeit:
40 Minuten, ohne Ruhezeit
Garzeit:
etwa 30 Minuten

1 Mehl, Eier, Öl und Salz mit einem Mixer (Knethaken) kurz auf niedrigster, dann auf höchster Stufe in 3 Minuten zu einem glatten Teig verarbeiten, evtl. noch etwas Wasser zugeben. Den Teig zugedeckt etwa 40 Minuten ruhen lassen.

2 Petersilie und Schnittlauch abspülen und trocken tupfen. Die Petersilienblättchen von den Stängeln zupfen, mit dem Schnittlauch fein hacken. Kräuter mit Ei und Semmelbröseln in einer Schüssel vermischen, mit Salz und Muskat würzen.

3 Den Teig auf einer leicht bemehlten Arbeitsfläche dünn zu einem Rechteck (40 x 60 cm) ausrollen, dann Quadrate (je 10 x 10 cm) ausrädern. Etwas von der Füllung auf jedes Teigquadrat geben. Das Eiweiß verschlagen. Die Teigränder damit bestreichen. Teigquadrate zu Dreiecken übereinanderklappen, die Ränder andrücken.

4 Von dem Wirsing die groben äußeren Blätter entfernen. Wirsing vierteln, abspülen, abtropfen lassen und den Strunk herausschneiden. Kohl in feine Streifen schneiden. Möhren und Rüben putzen, schälen, abspülen, abtropfen lassen und in Würfel schneiden.

5 Olivenöl in einem Bratentopf erhitzen. Wirsing, Möhren und Rübchen darin unter Rühren anbraten. 500 ml Brühe hinzugießen. Gemüse mit Salz und Pfeffer würzen, etwa 20 Minuten schmoren, dabei gelegentlich umrühren.

6 Inzwischen 2 Liter Brühe in einem Topf erhitzen. Die Maultaschen darin portionsweise ohne Deckel bei mittlerer Hitze in etwa 5 Minuten gar ziehen lassen. Mit einer Schaumkelle aus der Brühe nehmen und warm stellen. Das Gemüse mit den Maultaschen und Schnittlauchröllchen bestreut servieren.

Tipp: Schneller geht die Zubereitung der Kräutermaultaschen, wenn Sie fertigen Nudelteig (aus- und aufgerollt aus dem Kühlregal oder TK-Nudelteig, nach Packungsanleitung aufgetaut) verwenden.

FITMACHER-TIPP:

Die Steckrübe ist ein Wintergemüse, das wieder an Bedeutung gewinnt. Die Verwendung entspricht der von Möhren. Das Fruchtfleisch ist zart, leicht süßlich und gut verdaulich. Die Steckrübe hat einen hohen Gehalt an Kalium und enthält auch Beta-Carotin.

„GULASCH"

VEGAN

4 Personen:

Pro Portion:
E: 30 g, F: 12 g, Kh: 16 g,
kJ: 1298, kcal: 308, BE: 1,0

- 500 g Seitan (Weizeneiweiß-Protein, bitte beim Einkauf beachten, ob die Mischung bereits gewürzt ist)
- 2 Knoblauchzehen
- 2 EL vegane Sojasauce
- 200 ml Orangensaft
- 2 kleine Lorbeerblätter
- 2 Zwiebeln
- 1 kleines Bund Suppengrün (Möhre, Sellerie, Porree – 400 g)
- 2 EL Speiseöl
- 1 EL Tomatenmark
- 200 ml veganer trockener Rotwein oder Gemüsebrühe
- ½ TL gerebelter Thymian
- 200 ml Wasser
- 100 ml Sojacreme

- 1 Prise Chiliflocken oder Cayennepfeffer nach Belieben

Zubereitungszeit:
30 Minuten
Marinierzeit:
2 Stunden
Schmorzeit:
etwa 15 Minuten

1 Seitan abtropfen lassen, dann in Stücke (etwa 2 x 3 cm) schneiden. Knoblauch abziehen und fein würfeln. Sojasauce (sofern der Seitan laut Packung bereits gewürzt ist evtl. weniger Sojasauce verwenden), Orangensaft, Lorbeer und Knoblauch in einer Schüssel mischen. Die Seitanwürfel untermischen, zugedeckt etwa 2 Stunden marinieren lassen.

2 Zwiebeln abziehen, halbieren und in Würfel schneiden. Suppengrün putzen, abspülen, abtropfen lassen und in feine Stücke schneiden.

3 Seitan abtropfen lassen. Die Marinade dabei auffangen. Das Öl in einem Schmortopf erhitzen. Seitanwürfel mit Küchenpapier trocken tupfen, dann in dem heißen Öl rundherum braun anbraten, wieder herausnehmen und beiseitestellen.

4 Zwiebeln und Suppengrün im Bratfett unter Wenden anbraten. Tomatenmark einrühren und alles kräftig braun anrösten. Anschließend mit etwa einem Drittel der Marinierflüssigkeit ablöschen und fast vollständig einkochen lassen.

5 Von dem Wein bzw. der Brühe 150 ml dazugießen, ebenfalls fast vollständig einkochen lassen. Seitanwürfel und Thymian zugeben, mit der restlichen Marinierflüssigkeit, restlichem Wein oder restlicher Brühe und dem Wasser ablöschen. Die Zutaten bei schwacher Hitze etwa 15 Minuten zugedeckt leise schmoren lassen.

6 Das Gulasch evtl. offen noch etwas einkochen lassen. Die Sojacreme einrühren. Gulasch mit Pfeffer, nach Belieben Chili oder Cayennepfeffer und evtl. vorsichtig noch etwas Salz abschmecken.

Tipp: Zum Gulasch schmecken Mashed Potatoes (Kartoffelstampf), Kartoffelpüree oder eifreie Bandnudeln.

FITMACHER-TIPP:

Neben Sojaprodukten als Fleischersatz schwören viele Vegetarier und Veganer auf Seitan. Er wird durch das Auswaschen der Stärke aus Weizen gewonnen, kann natur oder paniert gebraten, gekocht oder frittiert werden. Seitan wird vor allem aufgrund seiner bissfesten, an Fleisch erinnernden Konsistenz als Fleischersatzprodukt geschätzt. Seitan bekommt man in vielen Bioläden oder im Online-Versand. Er kann aber auch selbst hergestellt werden.

KARTOFFEL-PILZ-TOPF

VEGAN

4 Portionen

Pro Portion:
E: 15 g, F: 19 g, Kh: 62 g,
kJ: 2036, kcal: 486, BE: 4,5

1 Möhre (etwa 150 g)
1 ½ kg große, festkochende Kartoffeln
300 g Zwiebeln
30 g getrocknete Steinpilze
6 Wacholderbeeren
7 EL Olivenöl
1 TL gerebelter Thymian
300 ml Gemüsebrühe
700 g braune Champignons
60 g Buchweizen
Salz
gem. Pfeffer
½ Bund glatte Petersilie

Zubereitungszeit:
45 Minuten

1 Möhre putzen, schälen, abspülen, abtropfen lassen, längs halbieren und in dünne Scheiben schneiden. Kartoffeln schälen, abspülen, abtropfen lassen und in etwa 2 cm große Würfel schneiden. Zwiebeln abziehen, halbieren und in Streifen schneiden. Steinpilze in einem Sieb abspülen und abtropfen lassen. Wacholderbeeren in einem Mörser grob zerstoßen.

2 Von dem Olivenöl 2 Esslöffel in einem großen Topf erhitzen. Möhrenscheiben, Zwiebelstreifen, Steinpilze, Thymian und Wacholderbeeren darin unter Rühren andünsten. Kartoffelwürfel und Brühe hinzugeben, zum Kochen bringen und zugedeckt etwa 20 Minuten bei mittlerer Hitze dünsten.

3 In der Zwischenzeit die Champignons putzen, evtl. kurz abspülen und trocken tupfen. Champignons je nach Größe halbieren oder in Viertel schneiden.

4 Von dem restlichen Olivenöl 1 Esslöffel in einer Pfanne erhitzen. Buchweizen darin bei mittlerer Hitze rösten, bis er duftet. Buchweizen mit Salz würzen und etwas abkühlen lassen. Anschließend im Mörser grob zerstoßen.

5 Das restliche Olivenöl in einer großen Pfanne erhitzen. Champignons darin etwa 3 Minuten bei starker Hitze anbraten, mit Salz und Pfeffer würzen. Sobald die Champignons Flüssigkeit abgeben, die Champignons mit der Flüssigkeit zu den Kartoffelwürfeln in den Topf geben und etwa 5 Minuten mitgaren.

6 Petersilie abspülen und trocken tupfen. Die Blättchen von den Stängeln zupfen und in breite Streifen schneiden. Den Kartoffel-Pilz-Topf aufkochen. Die Hälfte der Petersilienstreifen unterrühren. Den Kartoffel-Pilz-Topf mit Salz und Pfeffer würzen, mit dem Buchweizen und den restlichen Petersilienstreifen bestreuen.

FITMACHER-TIPP:

Der Champignon ist ein beliebter Speisepilz, der in vielen Sorten gezüchtet wird. Es gibt weiße, cremefarbene und braune Sorten. Der braune Champignon hat einen intensiveren Geschmack. Champignons sind kalorienarm: 100 g Pilze enthalten lediglich etwa 16 kcal. Sie sind reich an Kalium und Phosphat.

SÜßES & DESSERTS

Süßes macht selig und gehört daher hin und wieder unbedingt auf den Speiseplan. Vom veganen Frucht-Mandel-Trifle bis zum Hochzeitsreis: Freuen Sie sich auf Dessertideen und süße Mahlzeiten, die garantiert keine Sünden sind und gerade deshalb nochmal so gern vernascht werden.

KOKOSSCHMARREN MIT JOHANNISBEEREN

VEGAN

2 Portionen

Pro Portion:
E: 9 g, F: 9 g, Kh: 76 g,
kJ: 1818, kcal: 433, BE: 6,5

Für den Teig:
120 g Dinkelmehl (Type 630)
200 ml Kokosdrink oder Reis-Kokosdrink
15 g Agavendicksaft
Salz

15 g Ei-Ersatz-Pulver
1 ½ TL Dr. Oetker Backin
90 ml Wasser

1 TL vegane Margarine
1 EL brauner Zucker

etwa 200 g rote oder schwarze Johannisbeeren

Zubereitungszeit:
30 Minuten

1 Für den Teig Dinkelmehl mit (Reis-)Kokosdrink, Agavendicksaft und 1 Prise Salz in einer Rührschüssel gut verrühren. Den Teig kurz quellen lassen.

2 In der Zwischenzeit Ei-Ersatz-Pulver in einen Rührbecher geben. Backpulver dazu sieben und gründlich vermischen. Das Wasser hinzugießen. Die Zutaten mit einem Mixer (Rührstäbe) auf höchster Stufe in etwa 1 Minute aufschlagen.

3 Eine beschichtete Pfanne (Ø etwa 26 cm) erhitzen. Die Ei-Ersatz-Masse zu der Mehlmischung geben und mit einem Schneebesen gründlich unterrühren.

4 Die Margarine in der Pfanne zerlassen. Den Teig in die Pfanne geben, glatt streichen und zugedeckt etwa 5 Minuten bei mittlerer Hitze stocken lassen. Sobald der Teig auf der Unterseite goldbraun gebraten und an der Oberfläche gestockt ist, wenden und weitere 2–3 Minuten bei mittlerer Hitze braun braten.

5 Anschließend den Pfannkuchen mit 2 Pfannenwendern in Stücke zupfen. Den Schmarren mit Zucker bestreuen und unter Schwenken bei starker Hitze kurz karamellisieren lassen.

6 Die Johannisbeeren abspülen, abtropfen lassen und von den Rispen streifen. Den Schmarren mit den Johannisbeeren auf Tellern anrichten und servieren.

Tipp: Das Zerzupfen des Pfannkuchens geht recht schwer. Sie können den Pfannkuchen dafür auch auf ein Schneidbrett gleiten lassen, dort zerkleinern und anschließend die Pfannkuchenstücke zurück in die Pfanne geben.

FITMACHER-TIPP:

Johannisbeeren, besonders die schwarzen, sind echte Powerfrüchte. Sie schmecken nicht nur wunderbar, sondern versorgen uns mit Vitamin C, Beta-Carotin, viel Eisen sowie Kalzium und Kalium. Dazu kommen reichlich Ballaststoffe. Frische Johannisbeeren haben bei uns in den Sommermonaten von Juni bis August Saison.

FRUCHT-MANDEL-TRIFLE

VEGAN

4 Portionen

Pro Portion:
E: 11 g, F: 13 g, Kh: 56 g,
kJ: 1642, kcal: 391, BE: 4,5

Für die Mandel-Linsen-Creme:
50 g gelbe Linsen
180 ml Mandeldrink bzw. -milch, ungesüßt
4–6 EL Agavendicksaft
1 große Bio-Zitrone (unbehandelt, ungewachst)
300 g Seidentofu

etwa 300 g vorbereitete Früchte der Saison, z. B. Himbeeren, Erdbeeren und Melonenfruchtfleisch
150 g vegane Kekse, z. B. aus Mürbeteig

Zubereitungszeit:
20 Minuten, ohne Kühlzeit
Garzeit:
etwa 15 Minuten

1 Für die Mandel-Linsen-Creme Linsen verlesen, abspülen, abtropfen lassen, dann mit dem Mandeldrink bzw. der -milch in einen kleinen Topf geben. 1–2 Esslöffel von dem Agavendicksaft hinzugeben und unterrühren. Die Linsen zum Kochen bringen und zugedeckt bei schwacher Hitze in etwa 15 Minuten sehr weich und musig garen. Das Mandel-Linsen-Mus erkalten lassen.

2 Die Zitrone heiß abwaschen, abtrocknen und ½ Teelöffel Zitronenschale fein abreiben. Anschließend die Zitrone halbieren und den Saft auspressen.

3 Das Mandel-Linsen-Mus mit 4–5 Esslöffeln Zitronensaft und 2–3 Esslöffeln Agavendicksaft in einen hohen Rührbecher geben. Die Zutaten mit einem Pürierstab glatt pürieren. Seidentofu in Stücke schneiden, hinzugeben und darunter pürieren. Die Creme mit dem restlichen Agavendicksaft und der abgemessenen Zitronenschale abschmecken.

4 Die Himbeeren verlesen, nach Möglichkeit nicht abspülen. Erdbeeren abspülen, trocken tupfen, entstielen und in Stücke schneiden. Melone schälen. Das Fruchtfleisch mit einem Kugelausstecher herauslösen oder in Stücke schneiden. Die Kekse fein zerbröseln.

5 Die Keksbrösel mit der Creme und den Früchten in Dessertgläser schichten. Die Frucht-Mandel-Trifles zugedeckt mindestens 1 Stunde in den Kühlschrank stellen.

Tipp: Leicht angefrostet serviert, schmeckt der Trifle besonderes im Sommer köstlich erfrischend.

FITMACHER-TIPP:

Linsen sind, wie alle Hülsenfrüchte, gute Eiweißlieferanten. Außerdem enthalten sie Ballast-, Mineralstoffe und Spurenelemente wie etwa Eisen. Eisen ist wichtig für unsere Leistungsfähigkeit. Eisen aus pflanzlichen Lebensmitteln wird vom Körper meist besser aufgenommen, wenn Sie dazu Vitamin-C-haltige Lebensmittel, zum Beispiel Zitronen- oder Orangensaft, kombinieren.

SESAMBANANEN

VEGAN

4 Portionen

Pro Portion:
E: 2 g, F: 8 g, Kh: 35 g,
kJ: 928, kcal: 221, BE: 3,0

4 Bananen (je etwa 160 g)
30 g vegane Margarine
1 Bio-Zitrone
(unbehandelt, ungewachst)
4 EL Agavendicksaft
10 g geröstete Sesamsamen

Zubereitungszeit:
15 Minuten

1 Die Bananen schälen und längs durchschneiden. Margarine in einer Pfanne zerlassen. Die Bananenhälften darin von beiden Seiten braun anbraten.

2 Die Zitrone heiß abwaschen und abtrocknen. Die Hälfte der Zitronenschale fein abreiben. Zitrone halbieren und den Saft auspressen. Die Zitronenschale mit dem -saft, Agavendicksaft und Sesam verrühren.

3 Die Bananen aus der Pfanne nehmen und auf Tellern verteilen. Das Saft-Sesam-Gemisch zum Bratsud in die Pfanne geben, einmal aufkochen und die Bananen damit beträufeln.

BANANENSCHAUM-SPEISE (ohne Foto)

ENERGIE-KICK

2 Portionen

Pro Portion:
E: 15 g, F: 14 g, Kh: 54 g,
kJ: 1749, kcal: 419, BE: 4,5

1 kleines Stück frischer Ingwer
2 Orangen (etwa 400 g)
50 g geröstete Haferflocken
10 g geröstete Kokosraspel
2 reife Bananen (etwa 250 g)
500 g Dickmilch (3,5 % Fett)

Zubereitungszeit:
15 Minuten

1 Ingwer schälen und fein reiben. Orangen so schälen, dass die weiße Haut mitentfernt wird. Fruchtfleisch in Stücke schneiden, mit Ingwer, Haferflocken und Kokosraspeln vermischen. Die Mischung in 2 Schalen verteilen.

2 Bananen schälen, fein pürieren und mit der Dickmilch verrühren. Bananenschaum ebenfalls in die Schalen geben. Die Bananenschaum-Speise servieren.

FITMACHER-TIPP:

Bananen sind echte Powerpakete. Sie liefern B-Vitamine, Vitamin C, viel Kalium und Magnesium. Allerdings enthalten sie auch relativ viele Kohlenhydrate – je reifer, desto mehr. Wer plötzlich Lust auf Süßes verspürt, für den sind die gelben Früchte eine ideale sättigende Zwischenmahlzeit.

CLAFOUTIS D'ÉTÉ –
SOMMER-CLAFOUTIS
BEI BEERENHUNGER

4 Portionen

Pro Portion:
E: 8 g, F: 10 g, Kh: 42 g,
kJ: 1224, kcal: 293, BE: 3,5

etwa 200 g gemischte Beeren, z. B. Heidel-, Him-, Brom- und Johannisbeeren
1 EL Margarine oder Speiseöl
125 g Dinkelmehl (Type 630)
½ TL Dr. Oetker Backin
2 Eier (Größe M)
1 Prise Salz
4 EL flüssiger Honig oder brauner Zucker
1 Prise gem. Zimt
150 ml Dinkeldrink, ungesüßt
1 EL gehobelte Haselnüsse

Außerdem:
2 flache Tarteformen (je etwa 500 ml Inhalt) oder 4 kleine Auflaufförmchen (je etwa 350 ml Inhalt) oder 1 Auflaufform (etwa 1,2 l Inhalt)

Zubereitungszeit:
15 Minuten
Backzeit:
etwa 35 Minuten

1 Die Beeren verlesen, kurz abspülen (Himbeeren nach Möglichkeit nicht abspülen) und sehr gut abtropfen lassen. Johannisbeeren von den Rispen streifen.

2 Den Backofen vorheizen.
Ober-/Unterhitze: etwa 200 °C, Heißluft: etwa 180 °C.

3 Die Hälfte der vorbereiteten Beeren in der Auflaufform bzw. den Auflaufförmchen (leicht gefettet) verteilen.

4 Das Mehl mit dem Backpulver mischen. Eier in eine Rührschüssel geben, mit einem Mixer (Rührstäbe) kurz schaumig schlagen. Salz und 3 Esslöffel von dem Honig bzw. Zucker hinzugeben und etwa ½ Minute weiterschlagen.

5 Zimt und Dinkeldrink nach und nach unterschlagen. Die Mehl-Backpulver-Mischung daraufsieben und kurz auf niedrigster Stufe unterrühren. Den Teig auf den Früchten in der Auflaufform bzw. den -förmchen verteilen. Die restlichen Beeren daraufgeben, mit den Haselnüssen bestreuen und mit dem restlichen Honig beträufeln bzw. dem restlichen Zucker bestreuen.

6 Die Formen bzw. Förmchen auf dem Rost in den vorgeheizten Backofen schieben. Clafoutis **etwa 35 Minuten backen.** Die Formen bzw. Förmchen auf einen Kuchenrost stellen. Clafoutis sofort servieren.

Tipp: Reichen Sie eine **Joghurtcreme** dazu. Dafür 400 g Joghurt (0,1 % Fett, cremig gerührt) mit 1 gestrichenen Teelöffel braunem Zucker und etwas gemahlener Vanille (z. B. aus der Vanillemühle) glatt rühren. Außerhalb der Saison können Sie die gleiche Menge TK-Beeren-Mix verwenden. Die Beeren werden dann tiefgekühlt auf den Teig gegeben. Die Backzeit verlängert sich dadurch um 5–8 Minuten.

FITMACHER-TIPP:

Den rein pflanzlichen Dinkeldrink können Sie ähnlich wie Milch verwenden, der Vorteil: Er ist laktosefrei. Mittlerweile können Sie ihn in jedem gut sortierten Supermarkt kaufen. Als Eiweißquelle ist der Drink leider nicht geeignet, der Eiweißgehalt ist verschwindend gering.

VANILLEPUDDING MIT ERDBEER-RHABARBER-KOMPOTT

VEGAN

4 Portionen

Pro Portion:
E: 8 g, F: 4 g, Kh: 35 g,
kJ: 889, kcal: 212, BE: 7,0

Für den Pudding:
60 g Maisstärke
800 ml Sojamilch, ungesüßt
1 Vanilleschote
50 g Voll-Rohrzucker

Für das Kompott:
300 g junger Rhabarber
100 g Voll-Rohrzucker
250 g Erdbeeren
evtl. einige Minzeblättchen

Zubereitungszeit:
30 Minuten, ohne Kühlzeit

1 Für den Pudding die Maisstärke mit einer Tasse von der Sojamilch glatt rühren. Vanilleschote längs aufschneiden und das Mark mit dem Messerrücken herausschaben. Die restliche Sojamilch mit dem Rohrzucker, der Vanilleschote und dem Vanillemark in einem Topf zum Kochen bringen.

2 Angerührte Maisstärke in die von der Kochstelle genommene Sojamilch rühren und unter Rühren gut aufkochen lassen. Den Topf von der Kochstelle nehmen und die Vanilleschote entfernen.

3 Den Vanillepudding in kalt ausgespülten Schalen verteilen. Frischhaltefolie direkt auf die Puddingoberfläche legen und den Pudding leicht abkühlen lassen. Anschließend den Pudding in den Kühlschrank stellen.

4 Für das Kompott Rhabarber nach Belieben abziehen. Stangen abspülen, abtropfen lassen, die Stielenden und Blattansätze entfernen. Die Stangen in etwa 3 cm lange Stücke schneiden. Rohrzucker mit 125 ml Wasser in einem Topf zum Kochen bringen. Rhabarberstücke darin etwa 3 Minuten kochen lassen, sodass die Stücke nicht zerfallen. Rhabarberstücke sofort aus dem Topf nehmen, abkühlen lassen und in den Kühlschrank stellen.

5 Erdbeeren abspülen, abtropfen lassen, entstielen und halbieren oder vierteln. Die Erdbeerstücke mit dem Rhabarber vorsichtig vermischen.

6 Das Erdbeer-Rhabarber-Kompott auf dem Vanillepudding verteilen und nach Belieben mit abgespülten, trocken getupften Minzeblättchen garnieren.

FITMACHER-TIPP:

Nur kurze Zeit, von April bis Juni, werden die rotgrünen Rhabarberstangen bei uns angeboten. Neben Beta-Carotin, Kalium und Kalzium enthalten die Stangen auch reichlich Oxalsäure. Diese verringert die Aufnahmefähigkeit von Kalzium im Körper.

HIMBEER-GUGEL MIT AVOCADO-LIMETTEN-CREME

VEGAN

4 Portionen

Pro Portion.
E: 3 g, F: 7 g, Kh: 25 g,
kJ: 790, kcal: 188, BE: 2,0

Für die Avacado-Limetten-Creme:
100 g Avocado-Fruchtfleisch (vorbereitet gewogen)
2–3 EL Limettensaft
125 g Sojajoghurt
etwa 1–2 EL Agavendicksaft

Für das Himbeergelee:
400 g Himbeeren (frisch oder TK)
3 EL Limettensaft
3–4 EL Agavendicksaft
1 gestr. TL Agar Agar (etwa 3 ½ g)

3–4 Stängel frische Minze

Außerdem:
4 oder 8 kleine Gugel-Sturzförmchen oder kleine Gläser

Zubereitungszeit:
20 Minuten, ohne Kühlzeit

1. Für die Creme das geschälte und vom Kern getrennte Avocado-Fruchtfleisch in Würfel schneiden. Avocado-Fruchtfleisch mit 1–2 Esslöffeln Limettensaft in einen hohen Rührbecher geben. Die Zutaten mit einem Pürierstab fein pürieren.

2. Den Joghurt unter das Avocado-Püree rühren. Die Avocado-Limetten-Creme mit dem Agavendicksaft und je nach Geschmack zusätzlich mit dem restlichen Limettensaft abschmecken. Die Creme zugedeckt mindestens 1 Stunde in den Kühlschrank stellen.

3. In der Zwischenzeit für das Gelee frische Himbeeren verlesen und nach Möglichkeit nicht abspülen (abgespülte Himbeeren sehr gut abtropfen lassen). Die Himbeeren (tiefgekühlte Himbeeren nicht auftauen lassen) mit Limettensaft, Agavendicksaft und Agar Agar in einen kleinen Topf geben, gründlich verrühren und zum Kochen bringen. Die Mischung kurz köcheln lassen, dann durch ein feines Sieb in eine Schüssel streichen.

4. Das Himbeermark in die Sturzförmchen oder Gläser (mit heißem Wasser ausgespült) verteilen und im Kühlschrank erkalten und fest werden lassen.

5. Zum Servieren Minze abspülen, trocken tupfen und die Blättchen von den Stängeln zupfen. Etwa 2 Blättchen sehr fein schneiden oder mörsern und unter die Avocadocreme rühren. Das Himbeergelee aus den Förmchen auf Dessertteller stürzen, mit der Avocadocreme anrichten und mit der restlichen Minze garnieren.

FITMACHER-TIPP:

Die Avocado ist ein echtes Kraftpaket. Für eine Frucht ist sie aufgrund ihres hohen und dabei hochwertigen Fettanteils sehr sättigend. Von ihrem hohen Fettanteil (etwa 23 g pro 100 g) sollten Sie sich nicht abschrecken lassen. Das Avocado-Fett enthält viele einfach gesättigte Fettsäuren. Das sahnig-milde Fruchtfleisch punktet mit vielen Vitaminen und Mineralstoffen.

WINTERLICHES KIBA-QUARK-GRATIN

GLUTENFREI

4 Portionen

Pro Portion:
E: 13 g, F: 5 g, Kh: 70 g,
kJ: 1635, kcal: 392, BE: 6,0

Für das Kirschkompott:
350–370 g abgetropfte Sauerkirschen (aus dem Glas)
Saft von den Kirschen (aus dem Glas)
1–2 EL Muskovado-Zucker
1 Btl. Punsch- oder Glühwein-Gewürz
1 ½ EL Speisestärke (25 g)

Für die Bananen-Hirse-Creme:
200 g Bananen-Fruchtfleisch (vorbereitet gewogen, von 2–3 Bananen)
3 EL Zitronensaft
½ TL Dr. Oetker Finesse Geriebene Zitronenschale
200 g Magerquark
3 EL Muskovado-Zucker
60 g Hirseflocken
2 Eiweiß (Größe S)
1 Prise Salz
2 Eigelb (Größe S)

Außerdem:
4 kleine Auflaufförmchen (je etwa 300 ml Inhalt)

Zubereitungszeit:
20 Minuten, ohne Ziehzeit
Backzeit:
etwa 25 Minuten

1 Für das Kirschkompott von den Kirschen den Saft auffangen und 4 Esslöffel davon abnehmen. Den restlichen Saft mit dem Zucker und dem Gewürz in einen Topf geben, erwärmen und etwa 5 Minuten ziehen lassen.

2 Speisestärke mit den 4 Esslöffeln Kirschsaft glatt rühren. Den Gewürzbeutel aus dem Saft entfernen. Den gewürzten Saft zum Kochen bringen. Die angerührte Speisestärke in den von der Kochstelle genommen Saft rühren, dann unter Rühren nochmals aufkochen und kurz köcheln lassen. Die Kirschen unterrühren und den Topf von der Kochstelle nehmen.

3 Für die Bananen-Hirse-Creme Bananen-Fruchtfleisch mit Zitronensaft, -schale und Magerquark in einen hohen Rührbecher geben. Die Zutaten mit einem Pürierstab gründlich durchmixen, bis eine glatte Creme entstanden ist. 1 ½ Esslöffel von dem Zucker mit den Hirseflocken unterrühren. Die Bananen-Hirse-Creme etwa 5 Minuten quellen lassen.

4 In der Zwischenzeit den Backofen vorheizen.
Ober-/Unterhitze: etwa 180 °C, Heißluft: etwa 160 °C.

5 Das Kirschkompott gleichmäßig in den Auflaufförmchen verteilen. Eiweiß und Salz mit einem Mixer (Rührstäbe) auf höchster Stufe sehr steif schlagen. Eigelb mit dem Mixer (Rührstäbe) auf niedrigster Stufe unter die Bananen-Hirse-Creme rühren. Den Eischnee vorsichtig unterziehen.

6 Die Bananen-Hirse-Creme gleichmäßig auf dem Kompott in den Förmchen verteilen, mit dem restlichen Zucker bestreuen. Die Förmchen auf dem Rost in den vorgeheizten Backofen schieben. Die Gratins **etwa 25 Minuten backen.**

7 Die Förmchen auf einen Kuchenrost stellen. Die Gratins etwas abkühlen lassen und lauwarm servieren.

FITMACHER-TIPP:

Magerquark versorgt uns bei einem sehr geringen Fettanteil mit hochwertigem Eiweiß und mit Kalzium.

DESSERTCREME Á LA VENEZIANA

VEGAN

4 Portionen

Pro Portion:
E: 3 g, F: 9 g, Kh: 19 g,
kJ: 834, kcal: 199, BE: 1,5

Für das Pfirsichmark:
etwa 600 g aromatische, vollreife Pfirsiche
4 EL ital. Bitter-Aperitif-Likör, z. B. Aperol
etwas Agavendicksaft
1–2 EL Zitronensaft
1 gestr. TL Guarkernmehl (etwa 3 ½ g, pflanzliches Bindemittel – erhältlich im Reformhaus, Naturkostladen oder Drogeriemarkt)

Für die Mandelcreme:
350 ml Mandeldrink bzw. -milch
1 TL Agar Agar (etwa 3 ½ g)
4 TL weißes Mandelmus, ungesüßt (erhältlich im Reformhaus, Naturkostladen oder Drogeriemarkt)
etwas Agavendicksaft
100 g Sojacreme zum Aufschlagen (sehr gut gekühlt)

Zubereitungszeit:
25 Minuten, ohne Kühlzeit

1 Für das Pfirsichmark die Pfirsiche mit kochendem Wasser übergießen. Nach etwa 1 Minute herausnehmen und mit kaltem Wasser abschrecken. Die Schalen abziehen, dann die Pfirsiche halbieren und entsteinen. 375 g Pfirsich-Fruchtfleisch abwiegen, würfeln und mit 4 Esslöffeln Likör in einen hohen Rührbecher geben.

2 Die Zutaten mit einem Pürierstab fein pürieren. Je nach Geschmack das Pfirsichmark mit Agavendicksaft und Zitronensaft abschmecken. Das Guarkernmehl in ein feines Sieb geben, auf das Pfirsichmark sieben und kräftig untermixen. Das Pfirsichmark in den Kühlschrank stellen.

3 Für die Mandelcreme Mandeldrink bzw. -milch mit Agar Agar in einem Topf mischen und unter Rühren zum Kochen bringen. Die Mischung etwa 1 Minute leise köcheln lassen. Anschließend den Topf von der Kochstelle nehmen und das Mandelmus untermixen. Die Mandelcreme mit Agavendicksaft nach Geschmack süßen, dann zugedeckt im Kühlschrank etwas abkühlen lassen. Dabei die Creme zwischendurch immer mal wieder kräftig mit einem feinen Schneebesen durchrühren und leicht dicklich werden lassen.

4 Die Sojacreme in einem Rührbecher mit einem Mixer (Rührstäbe) kräftig aufschlagen und unter die Mandelcreme ziehen. Die Mandelcreme in 4 Dessertgläsern verteilen, das Pfirsichmark daraufgeben. Die Dessertcreme zugedeckt mindestens 1 Stunde im Kühlschrank gut durchkühlen lassen.

Tipps: Die Dessertcreme nach Belieben mit je 1 Esslöffel Bitter-Likör und etwas frischer Minze anrichten. Außerhalb der Saison können Sie auch die gleiche Menge Dosenpfirsiche (abgetropft, natursüß) verwenden. Wenn Sie auf Alkohol verzichten möchten, können Sie den Likör durch das alkoholfreie Bittergetränk Sanbitter ersetzen. Statt Sojacreme können Sie auch einen anderen veganen Sahneersatz zum Aufschlagen verwenden.

FITMACHER-TIPP:

Frische Pfirsiche aus Spanien, Italien und Frankreich sind bei uns ab Mai im Handel zu bekommen. Hochsaison ist aber erst ab Juli bis September. Das Pfirsich-Fruchtfleisch versorgt uns mit Provitamin A, B-Vitaminen, Eisen, Kalzium und Kalium sowie Vitamin C. Pfirsiche, die süß-aromatisch duften, sind vollreif und schmecken am besten.

MARINIERTER TOFU MIT ERDBEEREN

VEGAN

4 Portionen

Pro Portion:
E: 11 g, F: 4 g, Kh: 20 g,
kJ: 692, kcal: 164, BE: 1,5

250 g Tofu
1 Bio-Orange (unbehandelt, ungewachst)
1 TL gem. Zimt
2 EL Agavendicksaft
1 Prise gem. Kardamom
1 Prise gem. Ingwer
500 g Erdbeeren

Zubereitungszeit:
25 Minuten, ohne nächtliche Durchziehzeit

1. Tofu in kleine Würfel schneiden. Die Orange heiß abwaschen, abtrocknen und die Schale fein abreiben. Anschließend die Orange halbieren und den Saft auspressen.
2. Orangensaft mit Orangenschale, Zimt, Agavendicksaft, Kardamom und Ingwer in einer Schüssel verrühren. Tofuwürfel in die Marinade geben und zugedeckt über Nacht im Kühlschrank durchziehen lassen.
3. Erdbeeren abspülen, trocken tupfen, entstielen und halbieren. Die Erdbeerhälften zu den marinierten Tofuwürfeln geben und untermengen.
4. Den marinierten Tofu mit den Erdbeeren zugedeckt etwa 1 Stunde im Kühlschrank durchziehen lassen.

Tipps: Sie können auch andere Früchte zu dem marinierten Tofu servieren. Brombeeren, Heidelbeeren oder Himbeeren oder frische Pfirsiche oder Feigen schmecken zum Beispiel wunderbar dazu.

FITMACHER-TIPP:

Tofu ist „Quark" aus Sojamilch und für Vegetarier und Veganer eine hervorragende Eiweißquelle. Zudem enthält er Eisen und Kalzium. Aufgrund seines neutralen Geschmacks kann er für süße und pikante Gerichte verwendet werden.

TOFU-VANILLE-AUFLAUF
MIT KARAMELL-ÄPFELN

VEGAN

4 Portionen

Pro Portion:
E: 10 g, F: 11 g, Kh: 46 g,
kJ: 1357, kcal: 323, BE: 4,0

Für die Karamell-Äpfel:
25 g Voll-Rohrzucker
500 g säuerliche Bio-Äpfel
2 EL Zitronensaft

Für die Tofu-Mandel-Creme:
500 g Seidentofu
150 ml Mandeldrink bzw. -milch, ungesüßt
1 TL Vanillemark
20 g Voll-Rohrzucker
30 g Ei-Ersatz-Pulver
120 ml Wasser
60 g Vollkorn-Hirseflocken

1 ½ EL gestiftelte Mandeln zum Bestreuen

Außerdem:
1 Auflaufform (etwa 1,2 l Inhalt)

Zubereitungszeit:
15 Minuten
Backzeit:
etwa 30 Minuten

1. Für die Karamell-Äpfel Zucker in einen Topf geben und bei mittlerer Hitze schmelzen lassen. Inzwischen Äpfel evtl. schälen, sonst gründlich heiß waschen, abtrocknen und vierteln. Die Apfelviertel entkernen. Apfelviertel in den Karamell geben, kurz mitdünsten, dann Zitronensaft zugeben und alles durchschwenken, bis sich der Karamell gelöst hat. Den Topf von der Kochstelle nehmen.

2. Für die Tofu-Mandel-Creme Tofu, Mandeldrink bzw. -milch, Vanillemark und Zucker in einer Schüssel mit einem Pürierstab pürieren. Ei-Ersatz und Wasser in einen hohen Rührbecher geben und mit einem Mixer (Rührstäbe) auf höchster Stufe schlagen. Ei-Ersatz mit den Hirseflocken unter die Tofu-Mandel-Mischung rühren.

3. Den Backofen vorheizen.
Ober-/Unterhitze: etwa 200 °C, Heißluft: etwa 180 °C.

4. Die Tofu-Mandel-Creme in die Auflaufform (mit veganer Margarine gefettet) geben und glatt streichen. Die Äpfel mit der Karamellsauce gleichmäßig daraufgeben und mit den Mandeln bestreuen.

5. Die Form auf dem Rost in den vorgeheizten Backofen (unteres Drittel) schieben. Den Auflauf **etwa 30 Minuten backen.**

6. Die Form auf einen Kuchenrost stellen. Den Auflauf in Stücke schneiden, auf kleinen Tellern anrichten und servieren.

Tipps: Die Tofu-Mandel-Creme können Sie alternativ auch mit Agavendicksaft, Apfel- oder Birnenkraut, Stevia oder Reissirup süßen. Achten Sie bei der Verwendung anderer Süßungsmittel darauf, dass sich die Mengen ändern können. Der Auflauf schmeckt auch mit Birnen sehr lecker.

FITMACHER-TIPP:

Hirseflocken aus Vollkorngetreide sind gute Kohlenhydratlieferanten und machen satt. Je nach Anbaubedingungen (Klima, Boden usw.) kann – muss aber nicht – Hirse sehr eisenreich sein. Ihr Silicumgehalt ist gut für Haut und Haar. Hirse enthält kein Gluten und ist daher besonders für Allergiker interessant.

ZWIEBACK-BIRNEN-TRIFLE

VEGAN

4 Portionen

Pro Portion:
E: 9 g, F: 10 g, Kh: 30 g,
kJ: 1027, kcal: 246, BE: 2,5

- 2 EL gestiftelte Mandeln
- 2 reife, aromatische Birnen, z. B. Forelle, Williams Christ oder Gute Luise (etwa 350 g)
- 3 EL Zitronensaft
- 25 g weißes Mandelmus, ungesüßt (erhältlich im Reformhaus, Naturkostladen oder Drogeriemarkt)
- 275 g Seidentofu
- 3–4 EL Birnenkraut
- 1 Prise gem. Zimt
- 6 Scheiben veganer Vollkorn-Zwieback (etwa 60 g)

Zubereitungszeit:
15 Minuten, ohne Kühlzeit

1. Die Mandeln in einer Pfanne ohne Fett unter Wenden goldbraun rösten und auf einen Teller geben.
2. Birnen schälen, vierteln und die Kerngehäuse entfernen. Birnenviertel auf der Haushaltsreibe grob raspeln und sofort mit Zitronensaft mischen.
3. Das Mandelmus in einen hohen Rührbecher geben. Seidentofu in grobe Stücke schneiden und dazugeben. Die Zutaten mit einem Pürierstab zu einer glatten Creme pürieren. Die Birnenraspel unterrühren. Zuletzt das Birnenkraut und den Zimt unter die Mandel-Birnen-Creme rühren.
4. Zwieback in einen großen Gefrierbeutel geben. Den Beutel fest verschließen. Zwieback mit einer Teigrolle fein zerbröseln.
5. Zwiebackbrösel und Mandel-Birnen-Creme im Wechsel in 4 Gläser schichten, mit den Mandeln bestreuen. Die Zwieback-Birnen-Trifles zugedeckt im Kühlschrank etwa 1 Stunde durchziehen lassen.

Tipp: Zum Süßen können Sie alternativ auch Agavendicksaft, Reissirup, Ahornsirup oder Stevia-Streusüße verwenden. Achten Sie darauf, dass sich die benötigte Menge verändern kann.

FITMACHER-TIPP:

Mandeln enthalten reichlich ungesättigte Fettsäuren. Das macht die Kerne zu echten Fitmachern. Dazu sind Mandeln wichtige Lieferanten von Mineralstoffen wie Magnesium, Kalzium und dem essentiellen Spurenelement Kupfer sowie den Vitaminen B und E.

HOCHZEITSREIS

VEGAN

4 Portionen

Pro Portion:
E: 8 g, F: 13 g, Kh: 82 g,
kJ: 2024, kcal: 482, BE: 7,0

1 l Mandeldrink bzw. -milch, ungesüßt
75 g feiner Voll-Rohrzucker
Salz
125 g Milchreis
abgeriebene Schale von ½ Bio-Zitrone (unbehandelt, ungewachst)
Mark von 1 Vanilleschote
2 EL Wasser
1 Döschen (0,1 g) gem. Safran
1 großer Granatapfel
100 g in Wasser eingeweichte Rosinen
50 g Pistazienkerne
einige Tropfen Rosenwasser
einige Melisseblättchen

Zubereitungszeit:
20 Minuten, ohne Abkühlzeit
Einweichzeit:
etwa 40 Minuten

1 Mandeldrink bzw. -milch, Zucker und 1 Prise Salz in einem Topf zum Kochen bringen. Milchreis mit Zitronenschale und Vanillemark zur Mandelmilch geben.

2 Die Zutaten unter ständigem Rühren zum Kochen bringen. Den Reis bei schwacher Hitze etwa 20 Minuten quellen lassen, dabei gelegentlich umrühren.

3 Wasser mit Safran verrühren, unter den Reis rühren und bei schwacher Hitze weitere etwa 20 Minuten quellen lassen.

4 In der Zwischenzeit den Granatapfel halbieren und die Kerne herauslösen. Rosinen in einem Sieb abtropfen lassen.

5 Die Rosinen, Pistazienkerne, Granatapfelkerne und das Rosenwasser unter den Reis rühren und abschmecken. Den Hochzeitsreis erkalten lassen.

6 Melisseblättchen abspülen und trocken tupfen. Den Reis mit den Melisseblättchen anrichten.

FITMACHER-TIPP:

Granatäpfel bleiben bei Zimmertemperatur gelagert 2–3 Wochen frisch. Im Gemüsefach des Kühlschranks können Sie die Paradiesäpfel sogar mehrere Monate aufbewahren. Auch wenn die Früchte dabei etwas einschrumpeln, bleibt das Innere saftig und frisch. Zum Verarbeiten schneiden Sie um den Blütenansatz des Granatapfels herum ein kleines Quadrat ein. Ritzen Sie den Apfel von den Ecken aus 4-mal ein. Nun lässt er sich leicht öffnen. Die Kerne lösen Sie mit einer Gabel heraus (Achtung: Es spritzt!). Sie sind sehr saftig und schmecken angenehm säuerlich-süß.

HIMBEER-OMBRE-CREME

VEGAN

4 Personen

Pro Stück:
E: 9 g, F: 7 g, Kh: 46 g,
kJ: 1207, kcal: 287, BE: 4,0

Für die Himbeer-Ombre-Creme:
1 Bio-Zitrone oder Bio-Limette (unbehandelt, ungewachst)
350 g TK-Himbeeren
1 Pck. Dr. Oetker Bourbon-Vanille-Zucker
7 EL Agavendicksaft
1 geh. TL Agar Agar (6 g)
400 g Seidentofu

Für das Pumpernickel-Nuss-Topping:
65 g Pumpernickel
25 g gehackte oder gehobelte Haselnusskerne
2 ½ TL brauner Zucker

Zubereitungszeit:
25 Minuten
Kühlzeit:
etwa 1 Stunde

1 Für die Creme die Zitrone oder Limette heiß abwaschen, abtrocknen und von einer Hälfte die Schale fein abreiben. Zitrone oder Limette halbieren und den Saft auspressen.

2 Die gefrorenen Himbeeren mit Vanille-Zucker, 3 Esslöffeln von dem Agavendicksaft, Agar Agar und Zitronen- bzw. Limettenschale in einem kleinen Topf mischen, bei mittlerer Hitze auftauen lassen, dann aufkochen und etwa 1 Minute leise köcheln lassen.

3 In der Zwischenzeit Tofu, restlichen Agavendicksaft und 4–5 Esslöffel von dem Zitronen- bzw. Limettensaft in einen hohen Rührbecher geben. Die Zutaten mit einem Pürierstab pürieren. Etwa ein Viertel der Creme abnehmen und in eine zweite Schüssel geben.

4 Himbeeren durch ein feines Sieb streichen. Die kleinere Cremeportion mit wenig von dem Himbeerpüree ganz zart rosa färben. Das restliche Himbeerpüree mit einem Schneebesen nach und nach unter die größere Cremeportion rühren und leuchtend pink färben. Die pinke Creme sofort in 4 Dessertgläser geben. Dann die rosa Creme daraufschichten. Himbeer-Ombre-Creme zugedeckt etwa 1 Stunde in den Kühlschrank stellen.

5 In der Zwischenzeit für das Topping Pumpernickel sehr fein hacken. Die Pumpernickelbrösel mit Nüssen und Zucker in einer beschichteten Pfanne unter Wenden knusprig rösten und karamellisieren lassen. Das Pumpernickel-Nuss-Topping auf einen Teller geben und erkalten lassen.

6 Zum Servieren die Himbeer-Ombre-Cremes mit dem Topping bestreuen.

Tipps: Sie können für die Creme auch frische Himbeeren verwenden. Geben Sie dann zusätzlich je 1 Esslöffel Wasser und Zitronen- bzw. Limettensaft mit hinzu.
Probieren Sie die Creme nach dem Pürieren (Punkt 3) und süßen Sie sie evtl. mit etwas Agavendicksaft nach.

FITMACHER-TIPP:

Pumpernickel ist eine westfälische Vollkornbrot-Spezialität. Das sehr dunkle und sehr saftige Brot ist extrem lange haltbar und das ganz ohne Konservierungsstoffe. Es punktet mit reichlich Ballaststoffen sowie mit Mineralstoffen, vor allem Magnesium.

KNUSPERTOFU-GEMÜSEPFANNE

TITELREZEPT

4 Portionen

Pro Portion:
E: 22 g, F: 15 g, Kh: 24 g,
kJ: 1355, kcal: 323, BE: 2,0

300 g Tofu
1 Ei (Größe M)
2 EL Milch (1,5 % Fett)
3 EL Semmelbrösel
3 EL Sesamsamen, geschält
2 EL Weizenmehl
Salz
gem. Pfeffer
500 g Brokkoli
300 g Möhren
100 g Zuckerschoten
2 Schalotten
2 Knoblauchzehen
20 g frischer Ingwer
1 rote Chilischote
2–3 EL Sonnenblumenöl
500 ml Gemüsebrühe
5 EL Sojasauce
1 EL Speisestärke

Zubereitungszeit:
etwa 40 Minuten

1 Tofu mit Küchenpapier trocken tupfen und in grobe Würfel schneiden. Das Ei mit der Milch in einem tiefen Teller verschlagen. In einem weiteren tiefen Teller Semmelbrösel mit Sesamsamen vermischen. Das Mehl in einen dritten Teller geben.

2 Die Tofuwürfel mit Salz und Pfeffer würzen. Anschließend zunächst in Mehl, dann in der Eiermilch und zuletzt in der Semmelbrösel-Sesam-Mischung wenden. Tofuwürfel auf einem Teller beiseitestellen.

3 Brokkoli putzen. Die Röschen abschneiden und kleiner schneiden. Den Brokkolistrunk schälen und in Würfel schneiden. Brokkoli abspülen und abtropfen lassen. Möhren putzen, schälen, abspülen und abtropfen lassen. Möhren zunächst in etwa 5 cm lange Stücke, dann in Stifte schneiden. Zuckerschoten putzen, abspülen, trocken tupfen und evtl. halbieren.

4 Schalotten und Knoblauch abziehen. Ingwer schälen. Chilischote längs halbieren, entkernen und abspülen. Schalotten, Knoblauch, Ingwer und Chilischote fein hacken. 1 Esslöffel von dem Öl in einer großen Pfanne erhitzen. Schalotten, Knoblauch, Ingwer und Chili darin etwa 2 Minuten dünsten. Brokkoli und Möhren zugeben und unter Wenden bei mittlerer Hitze 4–5 Minuten braten. Zuckerschoten hinzugeben, weitere etwa 3 Minuten mitbraten. Brühe angießen und nochmals aufkochen lassen. Sojasauce mit Stärke glatt rühren, zum Gemüse geben, kurz aufkochen lassen und zugedeckt 3–5 Minuten garen.

5 Das restliche Öl in einer zweiten Pfanne erhitzen. Die Tofuwürfel darin bei mittlerer Hitze unter Wenden in 6–8 Minuten knusprig braten. Gemüse mit Salz, Pfeffer und evtl. etwas Sojasauce abschmecken. Das Gemüse mit den Tofuwürfeln anrichten und servieren.

FITMACHER-TIPP:

Brokkoli wird zwischen Spätsommer und Herbst aus heimischem Anbau angeboten. Ein hoher Gehalt an Beta-Carotin, Kalzium, Kalium und Magnesium sowie an Vitamin C und Folsäure macht ihn besonders wertvoll. 100 g Brokkoli enthalten etwa 26 kcal. Beim Einkauf ist zu beachten, dass die Röschen knackig grün sind und die Schnittstellen frisch sind. Im Gemüsefach bleibt Brokkoli nur maximal 3 Tage frisch, ist aber, geputzt und blanchiert, tiefgekühlt bis zu 1 Jahr haltbar.

RATGEBER

Eine ausgewogene Ernährungsweise ist die beste Voraussetzung, um fit und gesund zu bleiben. Eine Möglichkeit ist die vegetarische Ernährung. Wir haben die Zutaten für die Rezepte in diesem Buch so ausgewählt, dass die Gerichte leicht und ausgewogen sind, dabei aber satt machen.

Die Fitmacher-Rezepte

Alle Rezepte wurden für 2 oder 4 Portionen entwickelt und haben maximal 600 kcal und 20 g Fett pro Portion.

Unter jedem Rezept finden Sie einen Fitmacher-Tipp, in dem wir Ihnen ein bestimmtes Lebensmittel aus dem Rezept vorstellen.

Vegetarische Ernährung

Vegetarier verzichten auf Fleisch, Wurst, Geflügel und Fisch. Dazu zählen auch Rinder- und Geflügelbrühen sowie Zusatzstoffe und Aromen auf tierischer Basis. Es gibt verschiedene Ausprägungen der vegetarischen Ernährung. Hier die gängigsten drei:

- Bei der **ovo-lacto-vegetabilen** Ernährung werden neben der pflanzlichen Kost auch tierische Produkte von lebenden Nutztieren (z. B. Milch, Milchprodukte und Eier) verzehrt.
- Die **lacto-vegetabile** Ernährung ähnelt der von Ovo-Lacto-Vegetariern, zusätzlich wird auf den Verzehr von frischen und verarbeiteten Eiern verzichtet.
- **Vegane Ernährung** besteht ausschließlich aus Pflanzenkost. Da es leicht zu einem Nährstoffmangel kommen kann, sollten Sie sich unbedingt detaillierte Ernährungskenntnisse aneignen und mit Ihrem Arzt besprechen, ob eine vegane Ernährung für Sie und/oder Ihre Angehörigen empfehlenswert ist.

Abwechslung ist wichtig

Wer vegetarisch gesund leben will, sollte ein paar Ernährungsregeln im Alltag beachten:

Die richtigen Eiweißquellen

Fleisch ist als tierische Proteinquelle nicht unbedingt nötig. Um mögliche Mangelerscheinungen zu vermeiden, ist ein abwechslungsreicher Speiseplan mit der richtigen Kombination verschiedener Proteinträger wichtig, damit das pflanzliche Eiweiß besser ausgenutzt werden kann.

Pflanzenöle und -fette

Unserem Körper müssen lebensnotwenige Fettsäuren, die er selbst nicht produzieren kann, zugeführt werden. Dosieren Sie Öle und andere Fette – aufgrund des hohen Fett- und Kalorienanteils – jedoch sparsam und achten Sie auf versteckte Fette in Fertigprodukten.

Kräuter statt Salz

Setzen Sie Salz stets sparsam ein (maximal 5 g/Tag) und verwenden Sie stattdessen frische Kräuter. Denken Sie auch an die kleinen Salzmengen, die vielen Produckten bereits zugesetzt sind!

Trinken

Mindestens 1 ½ Liter (besser mehr) Flüssigkeit sollten Sie in Form von (Mineral-)Wasser, Kräuter- oder Früchtetee und hin und wieder selbst gemixten Fruchtsaftschorlen (ideal im Verhältnis 1:3 bis 1:4) zu sich nehmen.

Obst- und Gemüse

Es wird empfohlen 2 Händevoll Obst und 3 Gemüseportionen am Tag (insgesamt etwa 600 g) zu essen.

Vitamin B 12

... ist in pflanzlichen Lebensmitteln nur dann enthalten, wenn sie damit angereichert wurden. Um einem Mangel vorzubeugen, können nach ärztlichem Rat evtl. Nahrungsergänzungsmittel zugeführt werden.

Eisen

... findet man vor allem in Fleisch (Steaks, Rinderfilet), zudem in Getreide (Vollkornhaferflocken, Hirse), Hülsenfrüchten (rote Linsen), Gemüse (wie Rote Bete, Spinat, Dicke Bohnen) und getrockneten Früchten. Schwarzer Tee und Kaffee verringern die Eisenaufnahme im Körper, die gleichzeitige Aufnahme von Vitamin C dagegen fördert sie.

Jod

... steckt vor allem in Seefisch, ebenso in Jodsalz, Milch und Eiern. Achten Sie auf mit Jod angereicherte Lebensmittel (siehe Zutatenliste).

Aufgepasst!

Bei weiterverarbeiteten Lebensmitteln können Sie anhand der Zutatenliste prüfen, ob das Produkt wirklich rein pflanzlich ist. Nicht vegetarische Produkte, sind häufig nicht auf den ersten Blick zu erkennen:

- Gelatine: Wird aus Teilen von Rind und Schwein hergestellt. Kann z. B. in Gummibärchen, Puddings, Joghurtzubereitungen, Frischkäse, Backwaren sowie in Säften, Wein und Medikamenten vorkommen. Alternativen: Agar Agar (E 406), Alginsäure (E 400), Carageen (E 407), Guarkernmehl (E 412), Johanniskernbrotmehl (E 410), Pektin (E 440), Sago, Traganth (E 413).
- Lab: Wird bei der Herstellung von fast allen Weich-, Schnitt- und Hartkäsen verwendet. Stammt aus dem Kälbermagen. Es gibt pflanzliche Labaustauschstoffe (sie werden noch nicht zur Käseherstellung benutzt, da sie den Geschmack zu sehr verändern) und mikrobielle (auf der Basis von bestimmten Schimmelpilzkulturen). Biologische Anbau-Verbände verzichten bisher auf Gen-Lab. Achten Sie auf die Zutatenliste.
- Echtes Karmin: Der rote Farbstoff E 120 (Echtes Karmin) wird aus Schildläusen gewonnen.
- Ölsäure: Gibt es rein pflanzlich und als Mischung aus pflanzlichen und tierischen Ölen. Alternativ: Pflanzenöle.
- Schellack: Wird gewonnen aus Ausscheidungen der Lackschildlaus. Alternativ: pflanzliche Wachse.
- Frittierfette: Enthalten oft tierische Fette. Alternativ: Pflanzenöle.
- Stearinsäure: Kann pflanzlich sein, aber auch vom Schwein stammen. Verwendung in Kaugummis oder als Geschmacksverstärker.
- Farbstoffe (E 100 bis E 180) können aus tierischen Quellen kommen.
- Glycin: Stammt zum Teil vom Tier, Verwendung als Geschmacksverstärker (E 640).

Das rein pflanzliche Agar Agar wird aus Meeresalgen gewonnen und wirkt 6-mal stärker als Gelatine. Es wird in kalter Flüssigkeit angerührt und anschließend unter Rühren zum Kochen gebracht, bis es sich aufgelöst hat. Der salzige Geschmack verliert sich beim Gelieren.

Tipps für den Vegetarier-Alltag:

- Möglichst abwechslungsreich vegetarisch essen.
- Dem Energiebedarf angepasst ernähren.
- Möglichst naturbelassene Lebensmittel verwenden: Vollkornbrot statt Weißbrot, Vollkornreis statt geschältem Reis.
- Jeden Tag verschiedene Eiweißquellen einplanen: Hülsenfrüchte, Sojaprodukte, Nüsse, Samen, Getreide und eiweißreiche Gemüsesorten (wie Rosenkohl, Spinat, Topinambur, Okraschoten oder verschiedene Sprossen).
- Regionalen und saisonalen Lebensmitteln den Vorzug geben. Diese haben meist mehr Vitamine und Mineralstoffe.
- Ideal ist auch der Service der grünen Kisten, die ins Haus geliefert werden, mit Obst und Gemüse der Saison aus dem näheren Umkreis.

ALLGEMEINE HINWEISE

Abkürzungen

EL	=	Esslöffel
TL	=	Teelöffel
Msp.	=	Messerspitze
Pck.	=	Packung/Päckchen
g	=	Gramm
kg	=	Kilogramm
ml	=	Milliliter
l	=	Liter
evtl.	=	eventuell
geh.	=	gehäuft
gem.	=	gemahlen
ger.	=	gerieben
gestr.	=	gestrichen
TK	=	Tiefkühlprodukt
°C	=	Grad Celsius
Ø	=	Durchmesser

Kalorien-/Nährwertangaben

E	=	Eiweiß
F	=	Fett
Kh	=	Kohlenhydrate
kJ	=	Kilojoule
kcal	=	Kilokalorien
BE	=	Broteinheiten

Bei den Nährwertangaben in den Rezepten handelt es sich um auf- bzw. abgerundete ganze Werte. Lediglich die Broteinheiten werden mit einer Stelle nach dem Komma angegeben. Aufgrund von ständigen Rohstoffschwankungen und/oder Rezepturveränderungen bei Lebensmitteln, kann es zu Abweichungen kommen. Die Nährwertangaben dienen daher lediglich Ihrer Orientierung und eignen sich nur bedingt für die Berechnung eines Diätplans, zum Beispiel bei Krankheiten wie Diabetes. Bei krankheitsbedingten Diäten richten Sie sich daher bitte nach den Anweisungen Ihres Diätassistenten bzw. Ihres Arztes.

Hinweise zu den Rezepten

Lesen Sie bitte vor der Zubereitung – besser noch vor dem Einkaufen – das Rezept einmal vollständig durch. Oft werden Arbeitsabläufe oder -zusammenhänge dann klarer.
Die Zutaten sind in der Reihenfolge ihrer Verarbeitung aufgeführt. Die Arbeitsschritte sind einzeln hervorgehoben, in der Reihenfolge, in der wir sie ausprobiert haben.

Zubereitungszeiten

Die Zubereitungszeit ist ein Anhaltswert für die Dauer der Vorbereitung und die eigentliche Zubereitung. Längere Wartezeiten wie Kühl- oder Abkühlzeiten, Auftau- und Durchziehzeiten sind, sofern parallel keine weitere Tätigkeit erfolgt, nicht mit einbezogen. Die Gar- und Backzeiten sind ebenfalls im Rezept angegeben.

Backofeneinstellung

Die in den Rezepten angegebenen Gar- und Backtemperaturen sowie -zeiten sind Richtwerte, die je nach individueller Hitzeleistung des Backofens über- oder unterschritten werden können. Die Temperaturangaben in diesem Buch beziehen sich auf Elektrobacköfen. Die Möglichkeiten der Temperatureinstellung für Gasbacköfen variieren je nach Hersteller, sodass wir keine allgemeingültigen Angaben machen können. Bitte beachten Sie deshalb auch die Gebrauchsanweisung des Herstellers. Ein Backofenthermometer eignet sich dabei gut, um die Backofentemperatur im Blick zu haben.

KAPITELREGISTER

Frühstück & Snacks

Hauptgerichte für jeden Tag

Hauptgerichte für Gäste

Süßes & Desserts

Titelrezept

ALPHABETISCHES REGISTER

Für Fragen, Vorschläge oder Anregungen stehen Ihnen der Verbraucherservice der Dr. Oetker Versuchsküche Telefon: 00800 71 72 73 74 Mo.–Fr. 8:00–18:00 Uhr (gebührenfrei in Deutschland) oder die Mitarbeiter des Dr. Oetker Verlages Telefon: +49 (0) 521 52 06 51 Mo.–Fr. 9:00–15:00 Uhr zur Verfügung. Oder schreiben Sie uns: Dr. Oetker Verlag KG, Am Bach 11, 33602 Bielefeld. Oder besuchen Sie uns im Internet unter www.oetker-verlag.de, www.facebook.com/Dr.OetkerVerlag oder www.oetker.de.

Umwelthinweis Dieses Buch und der Einband wurden auf FSC®-zertifiziertem, chlorfrei gebleichtem Papier gedruckt. Die Einschrumpffolie – zum Schutz vor Verschmutzung – ist aus umweltfreundlichem und recyclingfähigem PE-Material.

FSC www.fsc.org MIX Papier aus verantwortungsvollen Quellen FSC® C004592

Redaktion Christina Langner

Titelfoto Thomas Diercks, Hamburg
Innenfotos Fotostudio Diercks – Thomas Diercks, Kai Boxhammer, Christiane Krüger, Hamburg (S. 9, 17, 33, 41, 45, 51, 71, 79, 85, 89, 105, 124)
Eising Studio Food Photo & Video, München (S. 11, 15, 21, 27, 77, 101, 113, 119)
Janne Peters, Hamburg (S. 43, 49, 65, 67, 75, 87, 93, 123)
Antje Plewinski, Berlin (S. 4–7, 13, 19, 23, 25, 28–31, 35, 37, 47, 53–63, 69, 81, 83, 91, 94–99, 103, 107–111, 115, 117, 121)
Hans-Joachim Schmidt, Hamburg (S. 39, 73)

Rezeptentwicklung Susanne Raht, Hamburg

Foodstyling Anke Rabeler, Berlin

Nährwertberechnungen Nutri Service, Hennef

Grafisches Konzept und Satz MDH Haselhorst, Bielefeld
Titelgestaltung küstenwerber, Hamburg

Reproduktionen Lithotronic Media GmbH, Berchtesgaden
Druck und Bindung Firmengruppe APPL, aprinta Druck, Wemding

ISBN: 978-3-7670-1031-4